Winning Customers for Life by
Winning Relationships that Last

NICE GUYS FINISH FIRST

好人致胜

建立持久关系，赢取终身客户

[美] 道格·桑德拉 / 著

王军 / 译

中华工商联合出版社

图书在版编目(CIP)数据

好人致胜：建立持久关系，赢取终身客户/(美)道格·桑德拉著；王军. — 北京：中华工商联合出版社，2024.3

书名原文：NICE GUYS FINISH FIRST: Winning Customers for Life by Winning Relationships that Last

ISBN 978-7-5158-3919-6

Ⅰ.①好… Ⅱ.①道…②王… Ⅲ.①销售-商业心理学-通俗读物 Ⅳ.①F713.55-49

中国国家版本馆CIP数据核字(2024)第 064979 号

Published by Motivational Press, Inc.
Copyright 2015 © by Doug Sandler
All Rights Reserved

The simplified Chinese translation rights arranged through Rightol Media（本书中文简体版权经由锐拓传媒取得Email:copyright@rightol.com）
北京市版权局著作权合同登记号：图字01-2021-6164号

好人致胜：建立持久关系，赢取终身客户

作　　者：	[美]道格·桑德拉
译　　者：	王　军
出品人：	刘　刚
责任编辑：	胡小英
装帧设计：	周　琼
排版设计：	水京方设计
责任审读：	付德华
责任印制：	陈德松
出版发行：	中华工商联合出版社有限责任公司
印　　刷：	三河市宏盛印务有限公司
版　　次：	2024 年 4 月第 1 版
印　　次：	2024 年 4 月第 1 次印刷
开　　本：	710mm×1020mm　1/16
字　　数：	200 千字
印　　张：	12.25
书　　号：	ISBN 978-7-5158-3919-6
定　　价：	58.00 元

服务热线：010—58301130—0（前台）
销售热线：010—58302977（网店部）
　　　　　010—58302166（门店部）
　　　　　010—58302837（馆配部、新媒体部）
　　　　　010—58302813（团购部）
地址邮编：北京市西城区西环广场A座
　　　　　19—20 层，100044
http://www.chgslcbs.cn
投稿热线：010—58302907（总编室）
投稿邮箱：1621239583@qq.com

工商联版图书
版权所有　侵权必究

凡本社图书出现印装质量问题，请与印务部联系。
联系电话：010—58302915

致　谢

　　丹尼尔，谢谢你对我的信任，尤其是在我自己都不自信的那段时间。你的鼓励、建议，还有支持以及亲身示范，使我觉得能征服一切！

　　亲爱的妈妈，您总是无私地支持我，我非常感恩！

　　亚当和迈克，对我来说，你们就是我的全部。你们所取得的一切成绩，都令我感到无比骄傲。

感 谢

特别感谢鲍勃·若勒让我坚持完成这本书的写作。感谢简·艾金森,帮助我选择了这样一条道路。还有伊安·艾提斯,教我破釜沉舟,使我成为一个出色的榜样。感谢迈克·斯坦哈代告诉我要加油不能松懈。贾斯汀·萨克斯,谢谢你认可我的作品,让我能传递出我的声音。

还要感谢罗伯特·谢曼、查克·卡诺夫、杰克·施瓦茨曼、斯特里克兰·邦纳、卡罗尔·希金斯和安琪·圣地亚哥,这些非常棒的伙伴们给了我机会去回馈生活,并鼓励我追寻自己的梦想。

特别感谢我的朋友斯科特·米勒、布鲁斯·夏皮罗、大卫·萨克斯、麦克·斯科文、肯·柯思科、芬·桑德勒、艾伦·戈尔德、麦克·高登、福莱希和格莱德。

致敬我的叔叔莫里斯（1931—2015），一位经历了传奇人生的超人，谢谢你成为我信赖的人生导师！

妈妈、马蒂、南希、理查德、戴维、亚当、瑞秋，我爱你们，感谢你们的支持！

序 言

"当一个好人"的想法一直萦绕在我心头。我记得,当我还是个孩子的时候,有一天正要去上学,我妈妈对我说:"道格,要好好的哟"。仿佛只要表现好就能带给我很多好处,帮助我取得成功,甚至让我所有的美梦都能成真。当时的我不明就里。我只是个孩子,还不明白其中的道理!

友爱也意味着有趣、愉快、美好和快乐。但我从未见过有人说如果自己待人友爱,就一定能成为赢家。但如果善良是自己行为的一部分,毫无疑问会使人变得更快乐。直到多年以后,当我成为一名推销员时才认识到,如果你对别人友好一些,你真的能从别人那里得到更多。

相反地,如果你表现得不太好,在我小时候的家里,就要倒霉了。而那时我彬彬有礼，是镇上最乖巧的孩子。我真的认为那是由于我妈妈的教诲，她说在别人遇见你时，要让对方感觉更好一些。她也确实是那么做的。从20世纪70年代开始，我妈妈就是一名地产中介。在我的家乡，你随便走进某家咖啡店或商店就可能会遇到一两位曾从我母亲手上买过房子的人。直到她80岁的时候，她还坚持去办公室，时不时还能签下一份合同，每一位认识她的人都真心喜欢她。现在科技的进步使她显得有些落伍了，我感觉她很快就要收起中介执照和我的继父马蒂一起去过幸福快乐的日子了。他俩是真心相爱！

父母在我两岁时就离婚了，几年后，我的母亲再婚了。这种情况在美国的社会环境下，人们早已司空见惯。我的哥哥戴维比我大四岁，看起来总是比我领先一步。无论我去哪里，他似乎总是早几年就到过那儿了。有趣的是，亲兄弟的我们，有很多地方完全不像。戴维是运动队里的主力队员，而我却对运动不怎么在行。毕业于广播影视专业的戴维，后来成为我们镇上的明星人物，在本地最受欢迎的电台主持一档关于交通的节目。他在电台事业上的成功真的很棒，我一直为他取得的成就感到骄傲。尽管我们有那么多不同之处，我们却从未产生过冲突，我很享受这段兄弟关系。

　　直到我大学毕业进入职场，我才从一个普通的好人变成勇夺第一的好人。这看起来像是我孩提时代学到的东西给予的回报。我下意识的想法就是做一个好人，因为萦绕在我脑海里的都是我妈妈的叮嘱："道格，要好好的噢。"感谢她的教导，让我知道了人们总会积极回应好人。

　　出了校门，走进社会，我努力打拼自己的事业。只要是合理合法的业务，我都很乐意去做。我的使命就是当一个成功的经营者。然而做一个好人的想法始终萦绕我心头。我喜欢找一些成功学的录音带和图书来听和读，有一些免费的职场讲座，我也会去听。那时候，当一个好人只是一种调剂，并非我的主要目标。无论我挣多少钱，总觉钱不够用，收支总是失衡，多年以来，我一直在寻找一个又一个挣钱的机会。在我早年的职业生涯里，我频繁地更换工作，因为我总认为自己能在下一份工作上挣到更多的钱、获得更高的职位。对我来说，一切都是为了职位和金钱。直到有一天我进入抵押贷款行业工作，我才意识到生活的意义不仅仅在于赚钱的多少，金钱并不是快乐的源泉。我为那些有钱人提供贷款申请，我发现他们也并不见得比我过得更快乐。我的老板布莱恩总说："道格，从某种意义上说，我们都是负债者。那个挣着100,000美元的家伙，欠着3500美元的贷款，开的车还有1500美元的按揭。"我妈妈也总是说："金钱买不到幸福，但它可以帮你优雅地解决自己的问题。"起初，我的生活就是赚钱还账单，开着我的梅赛德斯优雅地解决我的问题。

学校和职场不会教你如何才能变得更快乐。我称之为"快乐因素"。人们花费数十亿美元购买自我提升的书籍，然而我们在学校和工作培训上花的绝大多数时间却是学习实践知识，即我们如何将所学的知识应用到我们的实践领域。

但快乐带来的积极影响又是什么呢？快乐是一种无比强大的精神状态。幸福的来源并不是外在的物质财富。那么究竟是什么使我们快乐呢？经过多年思考，以及这些年的阅历让我认识到，幸福完全取决于我们自己。你的快乐取决于你而不是其他人。

创造幸福的最大因素是积极的自我暗示。我们都有自我激励的方法，与之相反的是，我们却经常用自我暗示来自毁长城。积极的自我暗示有助于形成积极的结果，而消极的自我暗示则会阻碍我们，以致产生消极的结果。

一旦个人对自身的评价过低或太过于糟糕时，你就不可能在一块负面和消极的地基上建起成功的大厦。那就是一个巨大的挑战需要去克服。在本书中，我将提供一条路线图来指导你，让你理解为什么当个好人才是通向快乐的捷径。就像你在这本书里读到的那样，当个好人，你就能在任何你想尝试的事情上取得成功。毫无疑问，在这条道路上，你肯定会遇到挫折。亨利·福特说过，"无论你认为自己能行，或者不行，你都是正确的。"你的角色是不要放弃，永远不要放弃，永远不要退出游戏。

我挣到了很多钱，我也是一个好人，我也总是赢得先机，可是为什么我不快乐呢？1997年，我给自己设了一个目标，我为之努力奋斗以找到自我。我对音乐的热爱以及我天生的生意头脑和销售技巧，使得我从一个俱乐部的兼职DJ变成一个全职DJ。1998年，我签约了一家代理商，自此开始了我的职业DJ生涯。在我的职业生涯里，我演出的场次超过了2000场，在撰写本书的过程中，我在华盛顿特区的高端市场上每年还有75场以上的特约演出。

我非常热爱我的工作，主要有两个原因：第一，我爱我的客户，我与他们一起庆祝每一次成功。他们信任我，也把那份责任赋予了我；第二，派对是我生活的一部分，对于一个一直快乐并善良的人来说，这是一份妙不可言的职业。对工作的热爱再加上快乐的心态，其结果就是，我能养活我的家人！

在历经15年，和上千位客户成功合作后，我打造出一个经得起时间检验的成功体系。我坚信，如果你给顾客提供超出其预期的服务，世界顶级的那种服务，并且你相信正在干的事业让你很开心，那么你就一定会成功。但这需要努力。我的体系是关于时间、精力和资源的投资，来激励我前进和鼓励客户们行动并帮助他们决策，以最有效的方式执行他们的计划。跟着我的体系来实践，记下我学到的经验，你也将走向成功与幸福。

我们今天的世界，充斥着那些只是把客户当成数字代号的公司，是时候把真正的服务带回到为客户服务中了。现在正当其时，把客户当活生生的人看。我可以向你承诺，尤其是我们今天所处的科技发达的现代社会，要做一位好人，还有巨大的提升空间。想要快乐、成功且平衡，还有很多地方可以改进。

记住，你也能建立自己的生意之道，就像我自己所打造的那样。投资，激励，执行，总之，做个好人，你最终会发现，世界需要更多的好人。好人致胜！

序

最简单的答案就是做好事

好人真的能更容易成功吗?是的,我的朋友道格·桑德拉一直是这么认为的。我由衷欣赏他的地方就在于:道格不仅是这么认为的,他还每天身体力行地实践着这条准则。

当我第一次听道格说起"好人致胜"这个概念时,我对我自己说:"真好……对你有好处"。其实我以前也听说过这个词儿,但自读完小学后,我就再也没听过这个说法。随着年龄的增长,我学到其他很多更精彩、简单明了的话语。长大参加工作以后，我再也不相信什么"好人致胜"的说法了。我不记得高中老师或大学教授曾经告诉过我这些，我也不记得曾经有什么培训机构强调过这个概念。事实上，如果你用谷歌检索"好人致胜"这个关键词，跳出来的结果却往往是"好人赢在最后"。一路走来，"好人致胜"这条原则已被遗忘，作为基本信仰早已被抛之脑后了。

后来道格·桑德拉出现了，他抛开那些唱反调者，然后做了远比书写这条原则困难得多的事情。他所做的事情明显超乎想象，他决定终身坚持这条原则。而且，他已经坚持了20多年，却从未期待任何回报。

随着对这条原则的坚持，有意思的事情出现了。他做的好事越多，收到的回报也越多。靠着路遥知马力的恒心，坚持做正确的事情，奉献良多却不图回报，他发现了一个比以前所经历的要高得多的成功境界。这正是他在本书中向你赠送的礼物之一。

你可以决定做一个好人，你也可以决定做正确的事情，这百分百是由你控制的，而掌控一切的感觉使得人们更快乐一些。回想一个使你感觉愉快的时刻，我猜想你也感觉自己掌控着你的人生。你掌控着自己的工作，控制着自己的人际关系，你也觉得控制着自己的健康。相反地，回想一段令你沮丧的时光，我敢打赌，你记忆里只有对自己境遇的一种失控感。

新泽西州立罗格斯大学曾做过一个有趣的实验，研究控制与幸福感之间的关系。实验把婴儿当作实验对象，研究人员发现，即使是婴儿，那些有着更多控制感的受试群体显示出更高的幸福感！没错，当他们感觉掌控一切时，即使是婴儿，也会感觉更快乐。

他们是这样证实的。研究人员创建了一个测试，我称之为"弦试"。在这场测试中，一根线被拴到婴儿们的手腕上。过了一会儿，婴儿们发现通过拉动这根线，画片将呈现在他们面前。我看过这个实验的一段视频，毫无疑问，这些婴儿们兴奋极了。他们发现了一个快乐的源泉，仅仅只是拉动那条线而已。于是研究人员断开了那些线，尽管婴孩们仍然继续拉，却再也没有任何图片出现。结果，婴儿们不开心，他们甚至开始退缩，其中一些甚至哭了一小段时间。

然而，使我持续深入观察这个实验的是其后所发生的事情。画片开始随机出现，尽管婴儿们仍然可以继续拉线，但却决定不了画片什么时候能出现。总而言之，控制权被从婴儿们手上拿走了。他们不仅仅是失望，甚至是更加沮丧。婴儿们没有一个不哭的，他们大声啼哭。而当控制权又恢复时，他们又高兴起来。

一个又一个案例研究在告诉我们同一个道理。在汽车制造工厂，管理者发现，工人们很不开心且情绪低落。他们又是如何扭转这个情况的呢？如果有什么状况发生的话，流水线的组装工人拥有随时停止流水线的权力。瞧，这就是掌控。

接纳本书理念的原则取决于你的掌控，掌控使人快乐。每当你想到这个，采纳道格·桑德拉在生意上做好事的做法，就会在生活中创造"多赢"的局面。

我相信你不仅会被道格·桑德拉的文字所鼓舞，你还将学到他提出的那些通俗与实用的道理。

我关心的是，你会践行他的建议吗？你瞧，我了解道格·桑德拉，我知道他会对你只是读了读他的书而感到失望的。道格希望你不仅仅只是受到本书的激励，他更希望你能在日常活动中践行他书中所写的内容。

我将把我的声音添加到他的书里，提个小小的要求：当你读完这本书，请增加一份责任，也就是在与其他人打交道的方式上做一点小小的改变。如果你真这么做了，我能保证两件事：第一，做好事将不会消减你成功的机会；第二，做好事将使你和你身边的人更加快乐和更加成功。

我必须承认自己从这个标题得到了一点启发。欧内斯特·海明威曾经说过："最简短的答案就是去做。"在这句名言的基础上，我希望你能记住这点："最简单的答案就是做好事。"当你践行这点的时候，整个世界都是你的！愿你喜欢这本充满欢乐、精心打造的图书，它是由一位秉持好人致胜理念、敏感而细腻的人用心创作的。他就是一个活生生的自我实践的例子。

罗伯·乔勒斯

《如何改变思想》的作者

目 录
CONTENTS

第一章　为什么好人致胜 .... / 001

　　好人才能致胜。如果你不知道这点，那么你也不知道目标在哪里。

　　　　　　　　　　　　　　　　　——盖瑞·山德林

第二章　好人更擅长借助技术手段 .... / 010

　　技术的进步是建立在适合人的基础上，以至于使人意识不到，因为它已成为日常生活的一部分。

　　　　　　　　　　　　　　　　　——比尔·盖茨

第三章　好人信奉顾客至上 .... / 023

　　其实顾客才是真正的老板，他只要把钱花在别的商家，就等于把你的公司从董事长到每一个员工都炒了鱿鱼。

　　　　　　　　　　　　　　　　　——山姆·沃尔顿

第四章　好人善于借助体系的力量 .... / 033

> 生活其实很简单，但我们总是把它复杂化。
> ——中国俗语

第五章　好人创造成功的一贯模式 .... / 045

> 坚持会让你得到它，坚持会让你拥有它。
> ——道格·桑德拉

第六章　好人更容易获得信任 .... / 058

> 如果人们喜欢你，他们会听你说话。如果他们信任你，他们才会和你做生意。
> ——齐格·金克拉

第七章　好人助力他人成功 .... / 067

> 如果你不授权你的员工，所有的事情都需要你做决定的话，那么你将永远无法成长。
> ——斯特里克兰·邦纳

第八章　好人是善于领导的人 .... / 080

　　领导者是知道路与方向的人，正在走的路，将要走的路。

——约翰·麦斯威尔

第九章　好人更善于团队合作来完成计划 .... / 090

　　没有人能独自奏出交响乐，它需要一个管弦乐队来演奏。

——H.E.路考克

第十章　好人善于创造快乐的环境 .... / 102

　　成功不是幸福的关键，快乐才是成功的关键。如果你对手头的工作乐此不疲，成功就会悄悄地找上门来。

——阿尔伯特·施韦泽

第十一章　好人有积极的态度 .... / 114

　　生活中唯一的"残疾"就是处事态度不好。

——斯科特·汉密尔顿

第十二章　失败是成功的一部分 .... / 123

> 不要为你的失败感到沮丧，从失败中学习，然后重新开始。
>
> ——理查德·布兰森

第十三章　好人需要避免的错误 .... / 134

> 一个人必须有足够的勇气承认自己的错误，有足够的智慧从中获益，有足够的勇气改正错误。
>
> ——约翰·麦斯威尔

第十四章　好人能更好地管理生活 .... / 149

> 生命只有一次，但如果你做对了，一次就足够了。
>
> ——梅·韦斯特

第十五章　善于从生活和生意中学习 .... / 161

> 树林里分出两条路，而我，选择了人迹罕至的那条路，这让一切变得不同。
>
> ——罗伯特·弗罗斯特

第一章　为什么好人致胜

> 好人才能致胜。如果你不知道这点，那么你也不知道目标在哪里。
>
> ——盖瑞·山德林
>
> （译者注：盖瑞·山德林，演员、制片人、导演、脱口秀主持人。）

1992年，我还是一个摇滚明星。在娱乐界混了八年后，我坐上了飞往新奥尔良的商务舱，开始我的下一份工作安排。一位从未谋面的陌生客户请我来当主持。你瞧，这次，我成了一场典礼的主持人，只不过我不是以歌手的身份，而是以一个DJ的身份出现。这场活动并不是婚礼，而是一场犹太男子的成年礼。不管怎样，我已经提前拿到了出场费，为此，我满怀自负、洋洋自得。我被安排住在一家酒店，所有的费用客户全包。我过了一段很是惬意的享乐时光。看起来我很快就要美梦成真了。

有一阵，当那些普通工人每单只能挣300美元的时候，我已经可以每单挣到2000美元了（这是摇滚明星们说的"单"）。我雇了一个司机到我下榻的酒店来接我，然后送我到新奥尔良市法语区的波旁街参观游览，我会停下来吃一顿很棒的午饭，而且这一切全部由客户买单。然后我会被司机送到会所，开始我的工作。房间里装饰着五颜六色的气球、精美的亚麻布壁纸、五彩缤纷的灯光、芬芳的鲜花、细锥般的蜡烛和各种精美的小道具。

现场很快吸引了我的目光。除了75个中年人外，客人名单上还有50多个年轻人。我认为他们应该只是小孩子，是天真、烂漫和嬉笑的小孩子。但是他们并不是！计划四个小时的演出进行了不到一刻钟，他们就开始破坏桌上的装饰品，刺破每个气球，点燃洗手间的卫生纸，还把豆子汤泼到大厅的墙和窗户上。四个小时的演出进行到第16分钟时戛然而止。这场典礼已经失控了，迅速恶化成一场充满黑烟和火苗的"暴动"。每个瞬间都更加恶化。有哪位男主持人或者女主持人能控制这种"暴动"？

我做了一位有自尊的娱乐从业者在面对失控人群和战场的时候所应该做的一切——我退出舞台，来到我的转桌旁，低下头，戴上耳机，就这样放弃了演出。此时此刻，我知道一切都完了，我输了这场战斗。我从未感觉如此消沉，就像感觉刚刚被击退一样。我的意思是，凭什么这些"怪胎"这么对待我？

剩下的记忆已经很模糊了。我记不起是如何从酒店结账离开，然后飞回自己家的。我甚至记不起我的代理人给我打电话告诉我那些糟糕的事情。再也没有司机来接我，然后风驰电掣般带我离开了。再也没有游览名山大川的机会以及皇家般的礼遇。他们要我滚蛋！我唯一能清楚记住的，就是写退款支票。两千块是一笔大数目，可当时我已经把它们都花光了。

从这件事中，我得到的教训是什么？要是和我的客户在事前多聊聊，我就能发现这些"孩子"今年已经参加过其他49场类似的活动了，而这次是他们最后的一场庆祝会。要是我花点时间和我的客户提前沟通和充分交流一下活动情况，我们至少会有另外一个备用方案。但是我们这些摇滚明星从来不会提前给客户打电话，因为摇滚明星们有强烈的自尊心，而且自认为无所不知，无所不能。这简直就是大错特错！

要是我在客户身上花了时间、努力和精力，与他们多沟通，鼓励他们参与活动策划的方方面面，然后恰当地执行计划，整个情形或许就会完全不一样了。1992年的那场庆祝会，我的客户应该雇佣一位专业人士，而不是我这个摇滚明星。我的客户认为我应该知道如何举办一场庆祝活动。因为我未能成功服务我的客户，也没能了解他们这场庆祝活动的细节，整场活动都失败了，这完全是我的错。人们很容易归咎于那些调皮的孩子们，但事实上，这就是我的错。

1992年的新奥尔良之旅，让我深刻地反思，我有了一个强烈的意识，即为了满足客户的期望，我到底应该怎么做，这就像一颗种子在我心里发了芽。时光荏苒，今天我已经指导过遍及全国的许多人，如何投入时间、精力和资源去采取使客户满意的措施。一些简单的事情，比如倾听和沟通，就能取得惊人的效果。通过工作室和演讲，我指导他人如何与客户沟通：不是卖给他们一套主持服务，而是做未来客户的顾问，提供专业的意见。我们一起制定计划，像伙伴一样制定活动方案，像一个团队一样工作。接着，随着时间的投入和对客户们活动要求的理解，我接手了各种演出计划。我的工作不仅仅是使客户满意，而是要做得更加出色，超出客户的预期。

一切改变都从新奥尔良的那天开始。直到今日，在每次、每场我演出的活动（迄今已超过2000场）中，我都有一个具体的目标。永远不要让新奥尔良事件再发生！！自1992年起，新奥尔良事件使我变得谦逊，让我敏锐，给我提供足够的动力以最佳状态服务我的客户。1992年那次是很糟糕的一个情景，回望过去，我看见那次经历为改变我的未来所带来的特殊价值。

生意不仅仅是为客户提供产品或服务。它远不是金钱、合同、规划、电话、电子邮件等这些细节。它更是关于人和购买体验的服务。我不确定"服务"这个词是什么时候跳脱出客户服务这个概念的。也许它是在电话系统自动化，互联网成为主流，在顾客服务遍及全球或者是智能电话在市场上流行的时候，也可能是当年旅程乐队（Journey）失去主唱史蒂夫·佩里或者可口可乐公司改变配方的时候。总之，我不太确定，但是在这个过程的某个地方，有个断点。今日伟大的客户服务似乎已经出离了以往规则的体系。

一个打给信用卡公司的电话证实了我的观点。就像绝大多数信用卡公司一样，当我给客服打电话投诉一项有争议的收费时，我听到自动客服系统的问候："请输入16位卡号，按#号键结束。"我输入了16位卡号，滴滴答答按完键后等着被接通，"查询账单请按2，卡片遗失请按3……"我赶快按了"0"，因为我需要跟一个人来进行直接的沟通。"输入无效。请仔细倾听，我们的菜单选项已变更。查询账单请按2，卡片遗失请按3……"终于听到我需要的选项，我按下6，然后被允许与一位人工客服代表通话。随着下一个按键，我敢说，我被迅速带入一个嘈杂的话务中心，如果没有几百个，起码有十几个别的客服代表。因为他的耳麦就在嘴边，他的音量显得有些大，他开始波澜不惊地说着他们的行业用语："感谢您的耐心等待，我叫杰瑞，能告诉我您的姓名和16位卡片号码吗？"我满脑子想的是，我已经把我的号码输入给你们的自动系统了啊！于是我反问客服为什么。"出于安全的目的！先生，请问我能获知您的16位卡号吗？"我屈服了。"谢谢你，桑德拉先生，请问我能称您'道夫'吗？"如果他喊我"道格"，我可能会很高兴，但听他发音的意思更像"面团"。虽然那天我并不想吃冷冻比萨面团。我又屈服了，因为我想要的就是能尽快地解决我的问题。

"先生，为了安全起见，请问您能告诉我您第一任女朋友的姓名吗？"你逗我玩呢？当然我又反问杰瑞为什么。"先生，当初您在设置您的安全级别时，您是用这个当作您的安全验证问题。"于是我告诉了他我从小学四年级后唯一记得的一位女孩的名字。"谢谢你，先生，回答正确。"其实我期待着杰瑞继续说："请稍等，我把您转接给她。"

请注意，到现在为止，我还没有机会就有争议的账单问题与他产生对话，而我已经在电话里花了5分多钟时间来讨论安全。终于，我有机会来陈述账单的争议问题了。"先生，请等待3分钟不要挂电话，我会把您的问题报告给我的经理。"果不其然，不到三分钟，随着"滴"的一声，杰瑞回来了。"先生，我无法解决您的问题。"很明显他在继续读他的台词脚本，杰瑞给我念了关于信用卡章程的一些条款，第32页，第一段，条款A。谁会有闲心来阅读一本有75页之多的信用卡章程？

我对杰瑞说："拜托，"我的声音软下来，"请问你能暂时放下你的套路，跟我像正常人一样说话吗？让我们好好聊聊。"

不大吵一架，我是赢不了账单争议的，在花费了大量的时间后我终于解决了这个问题。像我的信用卡所属的这样的公司，终究会在历经挫折后发现，今天的消费者值得更好的服务、更紧密的人际关系，以及更胜以往的被尊重的感觉。

有必要转变并重新连接客户了。期待用一半的付出获得全部的收益是完全不可能的。客户需求更多，也应该得到更多。技术应该被当成一种工具，而不是一种寄托。太多时候，人们隐藏在技术后面，飞速发送电子邮件或打包压缩一份文本，而不是拿起电话或者面对面地会晤或直接对话。技术使得人们更容易隐藏自己。是时候停止隐藏并开始提供服务了。我从未听说谁因为对客户太殷勤而丢掉某个生意。请开始为你的客户提供超预期的、超满意的服务吧！

接下来的章节会毫无保留地告诉你，唯一能控制事物的方法，就是你自己。我的目标是帮助你理解、尊重你的客户，跟他们保持有效沟通的重要性，以及服务不仅仅是满脸堆笑地唯唯诺诺。杰出的客户服务、牢靠的人际关系和目标之间有着强烈的相关性。我将教你如何不以金钱为目标，却最终能挣到更多的钱。老套的销售技巧（产品卖点推销、缺陷修复推销、俏皮话推销等）已经不起作用了，因为跟以往相比，如今的客户们大多受过良好教育，头脑聪明且见多识广。依靠各种技术的手段，他们或许比你更了解你的产品和服务。你和你的工作与客户关系越紧密，你的工作就会变得越简单。

行动计划

1. 当有疑问时，请拿起电话给你的客户打个确认电话，或者直接去拜访他们。不要躲在电话背后。没有什么能胜过直接的沟通。

2. 当你感觉自己被当成一个数字，而不是一个活生生的人的时候，请你记住，你的目的就是避免和客户变成这种关系。

3. 列出三种你认为可以提高客户服务水平的方法。记住，超出预期才是最好的目标。

第二章　好人更擅长借助技术手段

> 技术的进步是建立在适合人的基础上，以至于使人意识不到，因为它已成为日常生活的一部分。
>
> ——比尔·盖茨
>
> （译者注：比尔·盖茨，微软公司创始人。）

在过去三十多年里，关于技术进步的书籍，人们写过成百上千本。《史蒂夫·乔布斯》这部编年体传记很棒，我从中受到了很多启发和激励。该书作者沃尔特·艾萨克森在史蒂夫·乔布斯离世前几年采访过很多次他的团队、他的竞争对手和他的同龄人。书中介绍了乔布斯和他的团队如何进行技术创新，以及乔布斯以其对完美的追求开启了一个全新的数字时代。乔布斯的激情造就了六大工业领域——个人计算、数字音乐、动画电影、移动电话、平板电脑和数字出版。

我们的日常活动与科技密切相关，你能体会到每款设备、程序软件和移动应用的重要性。没有这些数字工具，今天的生活将完全不同。移动电话、电子邮件和个人计算机在我们的生活里已经不可或缺了。短消息、移动电话和电子邮件，是数字连接的三块基石，我们通过它们与人产生连接、保持联系。

在我撰写本章时，一直与我合作的华盛顿人才经纪公司（Washington Talent Agency），刚刚因为其服务器被病毒入侵而宕机，导致其整个电话系统也受到影响，造成电话既打不出去，也接不进来。虽然这个问题在一天之内被成功修复，但也使我们真切地意识到，我们有多么依赖这些高科技技术，才能过上现如今富有成效的生活。

2013年11月30日，正值圣诞节的购物旺季，1797家塔吉特零售商店却不能使用信用卡支付了,原因是当月早些时候,一些黑客侵入了塔吉特公司的服务器。由于这次重创,分析家们估计塔吉特公司将花费数十亿美元来清理善后。

对我们来说,科技的应用既是福佑,又是魔咒。它让我们与他人能随时沟通、与万物联系。在杂货店里,智能手机可以帮助我们搜罗商品列表和各种优惠券。坐在办公桌旁,客户能很轻松地通过电子邮件与我们随时取得联系,而我们光顾过的杂货店也会定时给我们发送每周快讯及优惠券,吸引我们不定时消费。

作为一名作家和博主,我经常被邀请撰写自己亲身经历过的那些服务体验,以及从这些经历中获得的教训。一部分问题使我们是如此紧密地联系,以至于我们不知道如何才能断开联系。如果有一天我们真的失去联系,我们会体会到保持联系有多重要。

在过去的一年,我写了一篇标题为《谁会看见巫师》的博客。在博客里,作为一名服务提供者,我谈到了关于"恢复联系"的重要性。

你有没有发现,你的服务商(巫师)其实并不希望和你说话？你知道"没人能以任何途径、任何方式见到巫师"对你意味着什么吗？自动接听的电话、语音留言和计算机技术使得人们之间的沟通变得难以顺畅。对很多人来说，与他们的客户保持一定距离是合适的，但我想说这恰恰是不合适的。

在第一章中，我回忆过一次给我信用卡公司打电话的经历，其最终结果是浪费时间，沮丧的心情和自动回复带来的糟糕服务，还有固执的菜单选项、语音识别，让一个活生生的人耐着性子在线等待，一个人工服务员终于接起电话，然后重复问一遍刚刚在自动电话系统里已经回答过的问题。

众所周知，信用卡公司和公用设施提供商往往很容易成为谴责的目标，因为他们缺乏积极的客户服务态度。在做营销计划时，他们强调客户对他们有多么重要，但在实际执行中，他们却并未能提供多少令客户满意的服务，更别提堪称模范的超预期服务。

大公司垄断了整个市场，理应提供让人满意的服务。较小规模的服务提供商也应尽力提供让人满意的服务。而现实情况是，有些小型服务商也很糟糕，比如你的室外景观师语音留言信箱已爆满，或者当你准备给汽车做保养时却发现汽车经销商的电话总是占线，总是预约不上。当你需要咨询银行一个问题的时候，你能得到的也只是语音留言信息。

　　如果"让他语音留言吧"是你的口头禅，我警告你，请立刻停止这么做。这不仅会损害你的名誉，更会有损你的生意，降低你的服务标准。也许今天你还没什么感觉，但是我们这些小人物，将会记住。如果有一天我们一旦有机会，或者仅仅只是你竞争对手的一通电话，我们一定会快速且毫不犹豫地弃你而去。

　　请不要产生误解，我当然知道语音留言和自动电话是很有价值的办公工具，如果使用得当的话，它们能帮我们提高效率、提升时间管理和创造一种专业的氛围。但是，很多时候它们并没有被恰当地使用。与其说是一件工具，不如说它是一件被用于阻碍人际接触的武器。最需要避免的事情，才是最需要追踪的事情。巫师也是人类，和我们一样，但我们需要拉开幕布揭露他。

改变我们做生意的方式

　　科技的进步改变了我们做生意的方式。1994年，我在一家名为"标准注册"（Standard Register）的公司找到一份销售员的工作。那时候，标准注册还是一家以售卖表格为主要经营内容的公司。我最大的客户是工具生产巨头百得公司、美国信保保险公司、美国联合信号公司、马里兰州机动车管理局。我卖得最好的产品是什么？是纸质表格、多联文档和安全文档。我会经常拜会这些产品的采购方，统计库房的库存以及观察生产线上使用我们表格的工人们。

今天，这个曾经的"表格巨头"公司还在运营中。浏览它的网站，它经营的产品随着时间的改变而发生了巨大的变化。他们现在有一套系统来帮助客户进行市场协调、人际沟通和媒体社交。假设他们仍继续沿袭纸品生意，那这个公司恐怕早就像恐龙一样消失了。标准注册公司在网站首页有个名为"数字化直接市场"的程序，该程序提供网络营销服务，包括二维编码、电子邮箱服务和其他形式的网络服务。这些变革使得标准注册公司能继续生存下来并随着数字科技的不断更新而发展壮大。20年前这些程序还根本不存在呢，按照当今的发展速度，再过20年，今天的这些技术也将变得不合时宜，那些未能变革的公司也将随着时间的流逝而逐渐消亡。

营销101条已经改变

如果你还没有学会使用网络来营销你的产品和服务，那你就落伍了，赶紧奋起直追吧！今天的市场营销方式与数年前的方式相比，已经发生了180度的大转变。总而言之，我想强调的是，你不能在你急需时才尝试着学习一切。你学得越多，你就越渴望实践，因为网络营销是正在发展的朝阳产业，有许多图书、博客和文章都在介绍如何使用互联网技术来销售产品和服务。我建议你从简单的开始，不要被弄晕了，尽快找出一条适合你的路径。

营销方式可以采取电子邮件直接推广给潜在的客户、社交媒体，或者如果你和我一样喜欢写作，也许你也可以开一个微博，那样你将能够帮助和引导客户。你还可以一边更新微博，一边和有相同兴趣的人聊你所在行业的新趋势。

以下是一些营销活动的重要组成部分：

你的名单

在你准备营销自己的产品或服务之前，你得准备好一份名单。没有名单就等同于在一条繁忙的高速公路外开了一家超市，却不告诉任何人，那么必然没人来买你的东西。他们何苦要来呢？潜在的顾客根本不知道你，因为他们不认识你，也就不会信任你。

在一页纸上，画一个大大的靶标。这个靶标将有三个圆环，一环套一环。最中心的靶标圆环上写下你认识的每个人，包括你的家庭成员和朋友。不要在脑海里给那些人下定论。如果你在想"他们永远不会买，甚至不需要我所卖的东西"，那么你需要冷静一会。我并没有要求你卖东西给他们，仅仅只是需要你在圆环里写下他们的名字。

在靶标的第二个圆环里，列出你所有的生意联系人。当前的供应商、客户，以及你生意场上的所有联系人，生意场内外的所有人，包括供货商、关联方、非盈利方，所有在你生意链条上有联系的人。这个圆环里的人应该是那些一听到你的名字，就知道你的人。

最后，外圈的圆环中要写上所有与你有一面之缘的人，比如那些递给你一张名片，或者在某次会议上有过一面之缘的。收集所有你觉得能进一步认识的人的名片、姓名，尤其还需要电子邮箱。一如我前面所说，不要期望他们购买你的产品或服务，他们可能永远都不会从你这买东西。那么为什么还要把他们添加到清单里呢？因为他们也许认识别人，那些想知道你卖什么的人，把他们添加进你的名单里，就增加了你把产品卖给他们认识的人的机会。让尽可能多的人成为你的移动广告宣传员！

我如何强调这份名单的重要性都不为过。你的名单大小并不重要，关键在于质量。我宁可要一份25位高质量人群的名单，也不愿意要500个既不知道你是谁、又不知道你是做什么的人的名字。你的名单是你开始整个营销流程的起点，你的目标是持续升级并丰富你的名单。名单至少要有联系人的电子邮箱以及姓和名。当然了，电话号码或者实际地址对你来说也是非常有帮助的。

如果你已经创建了你的名单（请持续改进和增加这份名单的长度），那么接下来就是从名单上的人们那里获得信息的时候了。记住，你要寻求的是分享信息。你永远想象不到哪些人需要你所售卖的产品，因此最好的办法就是跟别人分享信息，并请他们把这些信息再分享给其他人。

你的网站

如果你到今天还没有一个网站,那你一定"太忙了"。网络其实比你想象的要容易操作得多。一个简单的模式化的网页,填充上你的个人信息就能给你切实有效的帮助。只要按照步骤完成一系列填空,你就能让自己看起来更专业,从而联系到一部分特定人群,进而提升你的营销效率。无须太久,你就能使用HTML代码在互联网上做生意了。

今天有成百上千的公司在创制出适合你生意的网页模板。每个月只需要你支付很少的一点费用,就能打造出一个充满图片、链接、邀约、文件等内容的网站。借助类似Go Daddy、Square Space这些域名服务商,会使你公司主页的内容看起来更显专业。

社交外延

脸书(Facebook)、推特(Twitter,现更名为X)、领英(LinkedIn)、照片墙(Instagram)等社交网站都能传播你的信息。使用这些网站的要诀是坚持不懈。不要今天上传10张照片，然后沉寂半个月，而后再时不时更新几张。要确保那些阅读、观看或者评论的人能持续地关注到你的动态。那就意味着要做到持之以恒地、定期地更新你的社交媒体网站。在这些网站上，你要保持个性化，同时也要显得很专业。

有一些免费（或者低收费）的在线网站能减轻你的营销压力，帮助你更加高产，提升效率以及帮助你提高你的净利润。我建议你使用这类网站，使之成为你开发在线活动的一部分。

MailChimp：在线电子邮件市场营销方案解决商，即邮件营销平台，主营联系人管理、邮件发送和结果反馈服务，同时为其他程序提供插件服务。

Wufoo：一个在线表格制造网站，可以帮助你创建自己的联系人表格、设计在线调查和处理简便的支付方式。

Hootsuite：社交媒体管理平台。

Vimeo：在线社区，可以存储和发布视频内容。

DropBox：在线服务网站，可以备份全电脑的资源，让你在任何地方都能轻松分享你的照片、文档和视频。

一个常被忽视的问题

无论何时,永远不要忘记你是在和人打交道(稍后再谈这个话题)。做生意的关键不是完美地应用各种技术手段或者精通这些社交媒体,发展人际关系才是真正的核心。如果你要从发一份电子邮件和面对面联系之间选择,我建议你选择后者。人际接触、建立关系,以及把人当"人"对待,而不是机器,这才是关键。如果有什么我确定你能从这本书学到的,那就是你要立即建立新的人际关系,与人们建立一对一的联系。永远不要忘记,无论机器的效率有多高,人们渴望的还是面对面的人际交流,而不是和机器交流。

行动计划

1. 建立你的目标名单,要包括所有你认识的人。让你的产品和服务被大众知晓的最好方式是从这些人开始传播。

2. 写下与你的营销活动相关的目标。即时创建或者更新你的网站,并判断哪种社交媒体渠道是最适合你的。

3. 学会最新的技术手段。与时俱进，否则你将被淘汰。想无所不知也是不太现实的，但是毫无疑问现在就要开始自我提升，否则你将被你的竞争对手远远抛下。

第三章　好人信奉顾客至上

> 其实顾客才是真正的老板，他只要把钱花在别的商家，就等于把你的公司从董事长到每一个员工都炒了鱿鱼。
>
> ——山姆·沃尔顿
>
> （译者注：山姆·沃尔顿，连锁超市沃尔玛创始人、山姆会员店创始人。）

想一想最近一次你体验过的最让人满意的客户服务是什么？为什么让你的体验如此满意？创造一种顾客至上的企业文化需要公司全体的力量，但卓越的体验却可以由一个人的努力创造出来。也许只需要一个人的"超级行动"就能换来一群狂热的粉丝。同样，一个人的糟糕经历可能也会传遍一个街区。如果某个公司把销量放在第一位，把客户服务放在第二位，那么等于为客户敞开了"不满意"的大门。

那些依赖销量而非服务质量的公司，他们的客服中心往往很糟糕，只会照本宣科，这样最终必然会遭遇失败的结局。这样做无异于本末倒置，让公司走上失败的道路。如今客户越来越精明，他们非常善于利用网络对公司进行评估、调查、分析，之后才会决定是否要购买该公司的产品和服务。对于如今的公司来说，没有什么比售后服务、顾客服务更重要的了。不论你的产品有多好，但如果服务不好，你最终也会失去客户。

企业不应被短期的利润蒙蔽双眼，企业的目标更不应该仅仅只是销售产品。企业应该努力提供令人满意的客户体验，及时提供必要的信息，让客户认可产品和服务，最终做出购买决定。

作为一家娱乐公司和演讲公司的老板，我也会培训、咨询和指导其他人。我始终在强调提供卓越的客户服务的重要性。一个电话或面对面的交流是很好的开始，但是你需要更深入地了解你的客户，这才是为客户创造特殊体验的唯一途径。

良好的体验始于理解客户的想法和思考方式。但要想真正了解客户的想法，你首先必须理解你的客户为什么会以这种方式思考。你应该尽最大努力为客户创造一种超预期的客户体验。这种良好体验的最终结果可能就是产品的成功销售，但如果想做得更好，你就要了解客户的真正需求以及为什么会产生这种需求。理解其中的真实原因，再有针对性地为你的客户创造一种史无前例的绝佳体验，你就能永久地赢得该客户。

我的朋友迈克·戈登是在充满音乐的环境中长大的，作为一个吉他手和鼓手，迈克的生活处处都伴随着音乐。他非常喜欢看吉他手和摇滚音乐会的音乐视频。因此他在我们当地开了一家音乐商店，他了解走进他店里的每个孩子和成年人的想法，那就是梦想成为摇滚明星。所以迈克在他妻子海莉的帮助下，创造了比一般的音乐商店更特殊的东西。

站在商店外，你抬头就可以看到闪烁着霓虹灯，设计成吉他形状的屋顶。这些灯光就像灯塔，指引着那些想要成为摇滚歌手的人走进来一探究竟。一旦步入商店，顾客会觉得自己就像摇滚明星进了自己的化妆间一样。这里有毛绒皮椅、舒适的枕头、巨大的平板电视，还有很多可随意使用的电吉他。店里的所有东西似乎都在说："你想成为摇滚明星吗？"

商店内设的排练室看起来就像一个录音棚，里面有一个小舞台，孩子们可以表演他们最喜欢的摇滚；许多的皮椅子、一个巨大的沙发和到处挂着的艺术品。迈克的音乐商店为每个人创造了一种特殊的摇滚体验。你只要见过这家店的员工、迈克或海莉，或者他们的两个小女儿，你就知道这一定是一次很棒的经历。迈克的笑容很灿烂，他妻子海莉的笑容更灿烂。他们很清楚客户体验的重要性。当我第一次见到迈克和海莉的时候，我就知道他们很不一般。每个顾客同我的看法都一样。自从这家店开业以来，生意一直都很兴隆。迈克的音乐商店已经一扩再扩了好几次，我相信他们的下一次扩张也只是时间早晚的问题。此外，迈克的店还获得了社区服务奖，并在当地报纸上被评为"最佳"。

迈克的业务其实不乏竞争者，五英里之内至少有五个竞争者。但是对比竞争对手昏暗的排练室、上课或等待时坐得让人难受的折叠椅，每天早上冲泡的苦咖啡，而且只有为数不多的一名员工，对比来说，迈克这里太酷了，难怪顾客都要涌向迈克的音乐商店。

像迈克家这样的音乐文化始于他的梦想，他希望能开一家音乐商店，创造一种与众不同的音乐体验。迈克深知每一位顾客进门的原因。你不需要拥有一家公司就能产生重大影响。永远不要低估一个人的力量。要知道，无论你在组织中的职位是什么，你都有能力赢得客户。我非常相信"要么做大，要么回家"的哲学，我建议你在力所能及的范围内，制定一个能长久留住客户的计划。你的计划应该从自己开始。你可以从竞争对手那里找出让人更满意的服务。当你对客户体验和客户服务进行1~10的评分时，你对自己的分数评价应该是12分。

如果你公司的关注点在它应该关注的地方，即客户体验，那么你的公司正在朝着正确的方向前进。每一个倡议、每一次服务、每一项任务都应集中于确保客户拥有难忘的体验。世界上最成功的公司是那些真正明白没有客户他们就会破产的公司。那些只关注最低标准的公司则往往忽略了他们存在的意义——为客户服务。

从大的范围来看，创造最佳购买体验的公司通常也是最赚钱的公司。他们也理解中层管理和普通基层员工的领导力。最重要的是，这些公司了解他们的客户。难怪这些公司在他们的市场中处于领先地位，如大家熟知的苹果、迪斯尼、谷歌和耐克等就是最好的榜样。

发布在谷歌网站上的"我们知道的最真实的十件事"，第一项就证明了这一点。"从一开始，我们就致力于提供尽可能好的用户体验。无论我们是在设计一款新的互联网浏览器，或对主页的外观进行新的调整，我们非常谨慎，确保它们最终是为客户服务，而不是我们自己的内部目标或最低标准。"

所以，无论是像迈克和海莉这样的店铺老板，还是谷歌这样的大公司，他们无疑都是成功的，因为他们把客户放在第一位。但是，有一点要说的是，你口头上把客户放在首位是一回事，实际是否做到这一点又是另一回事。我做了一个简短的列表，列出了打造良好客户体验的各种方法。我发现，无论是大公司还是小公司，他们有四个共同的点，学会这四点，将有助于你营造一个积极的氛围，创造出令人惊叹的客户服务，最终让人产生客户至上的超棒感觉：

1. 超越预期——我的电脑上贴着一块牌子，上面写着："设定超越现实的期望，然后超越它们。"与之相反的是，承诺过多而兑现不足，永远在履行你对客户的承诺。如果你承诺在5分钟内给你的客户回电话，那么最好在3分钟内就给他们打过去。如果你告诉你的客户，你将在24小时内提交一份提案，那就在一小时内提交给他们。挑战自己，遵守每一个承诺，回每一个电话，回答每一个向你提出的问题，并微笑着说谢谢。记住，感知才是客户面对的现实。如果你对与客户有关的一切采取负责任的态度，你就会走在超越预期的道路上。不要试图推卸责任。如果责任落在你身上，你就做对了！

2. 保持一致——一致性等同于可预测的结果。如果我是客户，我最不希望看到的就是意外（当然，除非我能因此获得额外的收获）。我确信顾客都想要可靠的产品或服务。坚持如一就像信守承诺。顾客用辛苦挣来的钱来交换他们需要和期待的服务。人们对服务的评价，取决于你为客户服务的好坏。客户认可你的服务将帮助你获得更多的推荐和更多的业务。你要确保你的服务不会因心情或时间的不同而产生差异化，时好时坏。如果这样的话，客户很难帮你做活广告。所以你的服务要始终如一，前后一致。始终保持一致的最佳方法是在体系的指导方针内规范工作。我建议你一直使用，让它成为你生活中一种自然而然的习惯。客户在接受服务时,他们希望得到公平、一贯和专门的对待。

3. 激励他们,让他们赞叹——那些夸赞你的客户才是你最忠实的客户,他们会一次又一次地购买你的产品。另外,如果你赢得了客户的青睐,他们将是你最大的客户来源。但是,为了让客户满意,你需要暂停销售行为,开始咨询,把会议变成一对一的咨询。一旦你停止销售,开始提供建议,奇迹就会发生。当客户信任你并听从你的建议时,你会拿到更多的订单。不要只专注于完成交易和收取支票,要专注于回答问题和真诚地帮助你的客户。但是请记住,你是专家,虽然你可能知道关于你的产品或服务的一切,但没有必要告诉他们产品的所有细节。重要的是要记住,咨询的重点不是关于你,而是关于他们。

4. 建立私人联系——如果你对顾客的理解"只是做生意而已",那是不正确的。让我更进一步解释,这不仅仅是生意。你应该让客户尽量喜欢上你这个人,不仅仅是作为一个供应商,而是作为一个人。人们想和他们喜欢的人做生意,他们希望自己是你唯一的客户。建立牢固的私人关系是非常有必要的；在与客户相关的每次谈话和会议中，你都在场是非常重要的。把手机放下，把铃声调成静音，认真倾听，专注于客户说的每一个字，比如他们提到最大的孩子在大学里发生的一些事情，你在心里要记下来，多多留心。如果你看到一篇有关于该学校的新闻或博客，请记得把链接发给客户。花时间去多了解让客户满意的因素，"是什么激励你的客户，让他们感到快乐？"与客户建立良好的私人交往，生意也会随之而来。

　　花必要的时间去超越期望、保持一致、发展私人关系、让你的客户刮目相看。如果你曾经质疑过为什么你失去了上一个客户或者没有完成交易，回顾一下上面列出的四点，你可能错过了列表中的一个或所有操作。了解你的客户，获得信任，帮助他们解决问题，他们才会对你的公司始终如一。

　　当你创造一种特殊的购买体验时，你是在利用客户的情感，同时也为他们创造一种充满愉快回忆的积极体验。当你在购买过程中除了创造美好的回忆外，还能为购买过程增添更多价值时，人们会很乐意支付高价。此外，当你与客户建立更深入的联系时，你就是在创建信任的氛围。

行动计划

1. 请把对客户的了解写下来。为什么他们需要你提供的产品？如果你有疑问，可以多问问客户为什么。

2. 按1至10的等级给你的服务水平打分。任何低于10分的地方都需要改进。列出你打算改进的措施。

3. 列出5种让客户惊叹的方法，并为其提供超预期的服务。

第四章　好人善于借助体系的力量

> 生活其实很简单，但我们总是把它复杂化。
>
> ——中国俗语

如果我必须在这本书中选择一个包含我的体系框架和我今天使用的过程的章节，它将是这个。我再怎么强调把体系作为一种生活方式的重要性也不为过。体系的设计是为了成功和简化过程。阿尔伯特·爱因斯坦说过："事情应该力求简单，不过不能过于简单"。如果你设计一个简单易用的体系，经过反复的尝试、磨砺和纠错，重新塑造、修改和完善，并与它的使用初衷保持一致，这个过程就会成为一种习惯。良好的习惯与良好的制度相结合，就会带来完美的结果。

体系在生活中无处不在。简单地说，体系是一系列相互关联的环节。它们可以用于生活的各个方面。有一些体系可以帮助你抚养孩子，教你开车，帮你卖汉堡包。也许现在最著名的快餐体系是麦当劳，两份全牛肉饼、特制酱料、生菜、奶酪、泡菜、洋葱夹在芝麻面包里。你开车走在城里的任何一条大街上，都可能会看到一家麦当劳餐厅。每家都有相同颜色的金黄色拱门，与你在世界的任何地方看到麦当劳都是一样的——潘通色卡第123号黄色与潘通色卡第485号红色背景。

随便走进一家麦当劳，你会发现，有相当多的地方是相似的：菜单选项是相同的，咖啡的温度是一样的。无论你身处世界的哪个角落，麦当劳餐厅的布局和设备都是一样的，很少有例外。

麦当劳公司努力将体系安排到位。1961年，他们创建了汉堡包大学，向特许经营权所有者传授他们所有餐厅使用的体系。学校占地80英亩，拥有13个教学室和3个厨房实验室，可以用28种不同的语言授课。每年有成千上万的人来这儿学习。

麦当劳是当今历史上最成功的特许经营企业之一，它专注于投资体系。

不只是快餐业巨头或身价数十亿美元的大公司才能从体系中获益。体系的设计有很多因素，但是体系存在于商业世界的关键因素是支持并使组织内的所有行为变得更高效。体系也会帮助人们确定什么时候做错了什么。如果体系设置正确，不仅可以帮助我们确定好的流程，还可以帮助我们度量生产力和效率。任何业务体系的目标都是帮助你的公司获得更积极的结果。

当我开始创业时，我想要成功。我不知道该如何做才能达成目标。在我经营DJ生意时，我从小事做起，并把每个环节都落实到位。我每天只打3个电话给活动招聘场地或机构。虽然这是一个简单的小目标，但我必须在我全职工作的午餐时间或晚上回家时打这些电话。我的目标是每月参加一次社交活动，每月读一本商业书籍，关掉汽车上的收音机，一边开车一边听一本商业有声读物。

很快，我就上瘾了，新的习惯开始形成。如果我上了车，没有带有声书，我就会错过学习的时间。自从我告诉别人我的目标是每天打3个电话来发展我兼职的DJ业务以来，我的同事们只要看到我在午餐时间如果无所事事，就会提醒我赶紧打电话。我的"体系"包括读书、打电话和参加网络会议。我保持了一致性，养成了良好的商业习惯，并在业余时间努力工作开拓我的DJ业务。1999年，我成功地把DJ事业从业余爱好变成了全职工作。实现梦想也是一场冒险！

从那时起，我就把在商业中所做的每件事建立体系作为我的实践，社交媒体营销活动、电子邮件收发、电话活动、客户跟进沟通以及一切与客户服务相关的活动。尽管我有适当的体系，但有时会很死板，以至于不能改变规则来考虑人的因素。使用业务实践或体系的最糟糕借口是"因为它一直都是这样做的"。你应该考虑到体系的变化，因为变化会改进你现有的流程。弗利特伍德麦克乐队（Fleetwood Mac）成员、多才多艺的歌手兼词曲作家林赛·白金汉说："如果你真的很优秀，你就知道你可以做得更好。"尽管体系和流程是为了成功而开发和设计的，但是要以开放的心态来完善它们，以进一步改进你创建的体系。

我创建的好人致胜演讲平台、商业体系和业务流程，主要基于三个简单的元素：

1. 投资（我的时间、我的精力、我的资源）
2. 激励（我的客户采取行动、成为他们的顾问）
3. 更出色地执行（我们的计划）

其实我们每个人都在从事公关工作——人和人际关系。不要因为你的公司销售办公用品，就认为你从事的是订书机和油墨行业；如果你是保险业务员，你的公司所做的远不止收取保费和支付赔款；如果你卖汽车，你肯定也不是只接触交通工具，请记住，我们每个人都是在人际关系的生意中，没有他们，你的生意就会失败。加强与客户之间的联系是你的责任，否则你就只会被视为一种被交易的商品，而商品是很容易被取代的，而与客户产生情感联系的活生生的人则是不容易被取代的。

当你遇到一位想要你解决问题的顾客，不管你卖的是铅笔、健康保险，还是汽车，他们首先会把你当作一个人来看待。乍一看，你的客户正在评估你，试图确定他们是否信任你，是否应该听从你的建议。如果你在电话中与人打交道，别人会根据你的语调、语速和音量大小来判断你。不管你与客户是面对面，还是通过电话或电子邮件交流，这有它自己的一套规则,你说的每一句话、你的肢体语言以及你提供的每一条信息都会被客户放在显微镜下,被评判。顾客会想,"我能信任这个人吗?我喜欢这个人吗?他会给我正确的建议吗?"

每一个要素(投资、激励和执行)都是为了改善关系、加强纽带、建立我与客户或潜在客户之间的联系。我的三步走体系让我专注于一个过程,而不是让销售和服务中有情绪化的一面阻碍我。这个体系的设计是为了让我能一直正确地做事。

要服务好客户,事先花时间了解清楚客户的全部需求是非常重要的。只有全情投入到工作中,我们才能了解清楚客户的需求、与他们建立良好的关系、帮助他们做出最好的选择并出色地执行行动方案是非常具有挑战性的。我们要投入大量的时间在沟通上,如打电话、开会、发电子邮件、发短信、面对面的聚会,等等。请记住,不是每一次沟通都必须与生意有关。我认识很多擅长销售和服务的人,他们就经常与客户或潜在客户进行早餐"预约"。早餐时,他有一个严格遵守的规则,那就是除非他的早餐伙伴主动提起生意上的事情,否则他是不会主动谈论的。他知道和他一起早餐的人的一切相关信息,包括他们的孩子在哪里上大学,即将到来的比较重要的庆祝活动,以及许多其他的私人事情。他和他的早餐对象早就建立起了融洽的关系。当然，如果客户主动谈论业务，他也会插话并提供有用信息，但很快，他就会把话题拉回到他们的日常生活等无关痛痒的话题上。我曾经借机问过其中一些早餐对象，当我问他们最喜欢这个销售员哪一点时，他们的回答几乎是一样的："他真的很了解我。他愿意和我交流，我也能听懂他在说什么。""他了解我。"我听到的最好的回答是，"我觉得他真的很关心我，虽然我知道我是他的客户，但我们的关系远不止于此。我们是真朋友。"瞧，要想成功，我们就要致力于创建这种真诚的关系，在这种关系中，你的客户能和你坦诚相见，你们是真朋友。

充分利用客户的时间和注意力。在我刚上高中的时候，我曾在大曲奇公司（the Great Cookie）工作，主要工作是站柜台卖饼干。当有顾客走进来想买饼干时，我会全神贯注在这个顾客身上，看看有什么我可以为他效劳的，一般情况下，在一分钟之内，我就能让顾客买到中意的饼干。微笑服务、眼神交流和有用的建议或信息是很最重要的几个因素，运用好这几点，就能成功实现让客户购买饼干的目的。

在我职业生涯的早期，我还作过抵押贷款员，那段时期，我的时间、精力和资源的投资就不仅仅是卖曲奇饼干时的60秒了，而是变成了一个60天的过程。在从事抵押贷款业务中，面对面的会议，以及给第三方代理、加工商、房地产专业人士和其他人打电话是我的时间投资。这只是我对自己的最低要求，这些投资是工作的一部分。作为服务业的新手，我会督促自己去了解客户。随着我在客户身上投入更多的时间，我开始了解他们贷款的"原因"。我和客户深入地沟通各种信息，如他们为什么要买房，他们如何选择要入住的社区，以及他们未来的规划。就像我那位开早餐会的朋友一样，我开始与客户建立起牢固的联系。我在抵押贷款业务中结识的几位客户，他们都视我为很重要的人物，他们不仅会阅读我的博客，并高度期待本书的出版，以便他们可以更多了解关于我的一切。

著名演说家、全美公认的销售天王齐格·金克拉有一句名言："如果你能帮助足够多的人得到他们想要的，你就能得到生活中你想要的一切。"你的工作是帮助别人得到他们想要的，要做到这一点，你必须帮助他们做出决定和选择。你和客户之间建立的关系越好，你们之间的联系越紧密，他们和你在一起就越舒服。你的建议、指导和引领将激励他们采取进一步的行动。随着你们关系的进一步发展，奇迹就会发生，你也会成为一个值得他们信赖的职业顾问。我喜欢和客户一起工作，以及帮助他们实现目标的感觉。如果你把注意力更多地放在你的客户身上，生意自然就会源源不断。

作为一名商业顾问和服务专家，我喜欢和客户之间产生的那种"默契"。我把这种默契称为"信任"。在这一点上，当我给他们提供建议时，他们非常清楚我绝对是以他们的利益最大化为首要原则的。举个例子，在我开的一个研讨会上，当我谈到客户的预算时，我用了一张幻灯片，上面写着："虽然你知道客户的预算，但并不意味着你必须把它全部花完。"如果你的客户信任你，他们会对你提供的建议充满信心，奇迹就会发生。你投入时间、精力和资源所付出的汗水，再加上你从投资中获得的信任，将使你处于一个完美的位置，并吸引更多的人成为你的客户。

我妈妈曾经对我说过一些值得我永远记住的话："你如果以90%的正确率降落一架飞机，那你还是会杀死机上的所有人。"如果你把资源投入到客户身上，激励他们采取行动，但如果你没能很好地执行你的计划，那么，最终你也不会取得成功。在这个过程中至关重要的是系统的第三步——执行。要想获得最后的成功，你必须彻底地执行。请记住，你的目标不仅仅是完成某一笔交易、多拨一个电话或划掉清单上的一项。你的最终目标是不断超越预期。不要错过任何一次建立关系和超越的机会。每次，每个，每时，正如齐格·金克拉所说，你是在帮助别人。尽己所能，帮助别人得到他们想要的。

作为一名艺人，我努力工作，为每次即将到来的活动做好充足的准备。我和客户讨论列表上的每一个流程，包括灯光、音乐选择、音量大小、时间和各种细节，一切都要在我的掌控之内。对我来说，了解所有的细节并出色地执行我们的计划是非常重要的，获得"令人满意"的评价还远远不够。我认为，仅仅只是"好"还远远不够。因为我已经和客户建立了紧密的关系，这不再是我只想做的事情，而是我必须做的事情。我得感谢我的客户。我把每一次活动都当成我自己的主场。尽管我是活动的"供应商"，但我更愿意把自己（和我的客户一样）视为负责的专业人士，这样他们就不必负责了。

我想要确保在活动当天的所有努力最后能让我的客户获得

独一无二的、终生难忘的独特体验。当我执行这个计划时，我会想起我在客户身上投入的每一点时间，鼓励他们对活动的每个环节做出决策，并确保每个环节都与我们讨论过的愿景完全一致。尽管活动当天的事情可以根据庆祝活动的具体环境进行细微调整，但我的客户知道，我之所以会改变事情或调整计划，只有一个理由，那就是要让它比我们最初计划的还要好。出色地执行是必须的，超出预期带给我的回报就是进一步加深我和客户之间的连接。我尽己所能留住每一个客户！

我的体系（投资、激励和执行）设计得简单、易用、有效，并对我的业务产生了巨大的积极影响。对你也一样，不管你现在用的是什么体系，关键是对你所做的每件事都要有主人翁精神，在需要的地方做出调整，以便让它更舒服，并能坚持下去。你要对自己从事的这个业务具有全盘在握的确定感，否则，你就只能凭感觉行事，不确定下一步该怎么做。我们的世界充满了只能接受平庸结果的人，而你完全可以成为一个例外。

行动计划

1. 写下你今天所拥有的体系来帮助改进你的业务。（你们有销售体系、会计体系、客户关系体系吗？）

2. 列出你认为在体系上可以有所改进的地方。

3. 给自己设定一个目标，限期实现。对你自己负责。

第五章　好人创造成功的一贯模式

> 坚持会让你得到它，坚持会让你拥有它。
>
> ——道格·桑德拉

飞行员、外科医生和我们所说的成功者有一个共同点，那就是在他们的工作领域要想取得成功，就必须持之以恒。坦白地说，为了成功，每个人都需要持之以恒，而不仅仅是飞行员、外科医生和某些成功者。幸运的是，对大多数人来说，能否持之以恒通常不是生死攸关的问题。然而，大部分人的问题就在于缺乏恒心。外部的影响使我们变得不能持之以恒。即使是最积极的个体也必须努力灌输恰当的行为模式以保持必要的统一。要创造成功的模式，可能需要多年的学校教育、在职培训和一贯的职业行为。具体来说，这就是为什么我们有副驾驶、助理外科医生和培训系统，以帮助维持一个统一的正确模式。

如果你向客户推销时是一套说辞，但最终却未能及时兑现，这样前后不一致的话，你可能很难从你的客户那里获得订单。未能兑现承诺，你伤害的是客户对你的信任。更糟糕的是，一个不满的客户会把他不愉快的经历向七个以上的人吐槽。

你的行为需要前后保持一致，以赢得更多的业务。客户期望的是你的言行一致，并能获得超出预期的服务。你必须想到，一个未回的电话或一次糟糕的服务，就很有可能让你永远失去一个客户。

全国各地的大型公用事业和有线电视公司因客户服务不一致或整体服务质量差而名声不佳。即使在中大西洋地区，当涉及互联网、手机和有线电视时，人们可选择的余地相对较少。所以有些公司可能觉得自己垄断了市场，不需要改进。最近我就打了一个电话，需要一个售后人员来我家提供技术支持。我从他们的客户服务呼叫中心得到的解决方案是一个一周以后的预约，可以选择上午，也可以选择下午。技术人员可以在预约时间内上门。我不满意对方给我的回答，于是挂断了电话，又打了回去。在我回拨的时候，这次接听的是一位善解人意的服务代表，她设法为我安排了一个24小时内的预约。此外，她还给了我技术人员到达的准确时间。当我问她是如何做出这样的预约时，她的回答是："我们都有修改预约的权力，只要知道如何使用这个系统。"如果第一个客服代表把更多的时间花在帮我解决问题上，而不是花在接下一个电话上，我可能会给她一个五星好评。

当我开始自己创业，依靠自己的生意来养活我和家人时，我才真正开始理解前后一致性的重要性，因为它与我的生意好坏息息相关。

那是1998年5月，我接到一个小型人才经纪公司的朋友洛伊斯的电话，洛伊斯知道我总是有很多新想法和有创意的活动。她告诉我说巴尔的摩当地的一个协会想召开一次有趣的会议，其中包括一个游戏节目。我问她："我需要投入多少时间？能挣多少钱？"洛伊斯解释说，大约只需要40分钟的时间做准备，就能挣大约300美元。事后我才意识到，我在这个会议上投入的这40分钟，以及我在那个晚上赚到的钱，在未来15年多的时间里，为我带来了价值数百万美元的回报。

这次的活动是在工作日的晚上进行。在与策划此次活动的协会负责人进行了简短的通话后，我发现这个项目是为我这行的专业人士准备的，其中包括派对策划人、人才中介、餐饮高管以及活动及会议策划企业的业主。

当我到达会场并开始布置时，一个自称查克·卡哈诺夫的人走了过来，他是华盛顿郊区一家人才经纪公司的合伙人。那天晚上，在我开始表演节目之前，查克对我的专业水准还持有怀疑态度，他还问我有没有经纪人。我向查克解释说我没有，但会后我愿意和他谈谈。我一点也不知道，考查和面试才刚刚开始。接下来的故事就像童话一样梦幻，我和这家经纪公司愉快地合作了20多年。

查克和我一直保持着非常密切的朋友关系，他和他的搭档罗伯特·舍曼教会了我坚持、可靠和信任。他们还让我明白了拥有令人信任的职业道德的重要性，而这正是会展行业所缺少的。我相信这在其他行业也是一个短板。娱乐圈的大多数人都认为，能够坚持参加4小时的演出意味着你有良好的职业道德。他们没有意识到商业的其他部分也是非常重要的。以下是为了成功我们都需要坚持的事情：

统一的神奇列表
- 回复电话
- 回复电子邮件
- 设定现实的期望
- 跟进潜在客户
- 与当前客户主动联系
- 开发和运行有效的营销活动
- 与行业专业人士建立联系
- 妥善处理业务（会计、公关、市场营销、销售、培训）
- 在工作和个人生活之间保持平衡
- 有效沟通

我希望你从这个列表中看到的是，这个列表没有魔法，没有烟雾和镜子，也没有任何复杂的东西。我从来都没有提到需要广博的产品知识，或者在促销或公关活动上花很多钱。清单上的每一项都是必不可少的，必须始终如一地加以贯彻。不幸的是，有些人很擅长回电话，但不善于给客户设定现实的期望，或者他们很擅长处理会计事务，但却无法平衡个人生活。清单上的项目是必须要做到的，没有商量的余地。您可以将此列表应用于任何行业的任何业务模式。

人们经常问我，成功的秘密是什么。秘密就是没有秘密。伍迪·艾伦曾说过："百分之八十的成功是自我的表现。"在某种程度上，伍迪是对的。或者换句话说——百分之百的成功是一次又一次，始终相同的再现。

我发现人们不一致的原因有很多。人们不一致的最主要原因是他们在生活中碰到了阻碍。他们的出发点是好的，但在前进的道路上，他们却慢慢偏离了正道。导致出岔子的原因可能很简单，比如受到电话铃响干扰；也可能很复杂，比如婚姻失败、健康问题或缺乏坚定的目标。生活是会发生变化的，对你来说也一样。下面我和大家分享一下，我是如何与这个问题作斗争，并让自己克服它的。重要的不是问题，而是你如何处理问题。

自从我与华盛顿人才经纪公司签署了合作协议，我就为自己制定了一套简单的规则。清单上的第一条规则是我在行动中要保持统一。我做出了一个承诺，要尽我所能完成我的每一个承诺，并与统一神奇列表清单上的每一项保持一致，百分之一百。百分之九十都不行。我担心，如果我不能100%坚持下去，我从这家经纪公司获得的所有业务都可能转手他人。

我在童年学到的教训

虽然我不喜欢运动，但在我上高中的时候，我的生活中也有一些运动项目。也许这缘于我妈妈想让我走出家门多参加户外活动，而不是每天放学后就坐在电视机前消耗时间。不管怎样，我在九年级的时候加入了足球队，在十年级的时候加入了高尔夫球队。

足球队在开始正式的实地训练之前，有一系列的日常训练活动，内容包括绕着橘黄色的圆锥体跑动和踢球，在球场角落射门，以及在边线进行可怕的疾风冲刺。

虽然我们都认为这些训练很无聊，是比赛中不重要的一部分（尤其是疾风冲刺），但后来我们才意识到，这些训练都是赢得比赛所必需的因素。更重要的是,训练对于区分首发和替补是至关重要的。如果我们连日常的训练都应付不来,我们怎么能应付比赛呢?我们在训练季刚开始几天就认识到了这一点。我们这些想参加比赛的人在训练中格外努力。教练不仅关注我们的技能水平,还关注我们的动力、激情和态度。训练也教会了我们正确的控球、力量、耐力和场上的规则。为了赢得比赛,你需要具备所有这些技能,以及对比赛的激情和良好的状态。

当我开始在商界发展自己的"技能"时,我就懂得所有的成功都有一个相似的模式。没过多久,我就发现有三个关键因素,它们帮助我获得了更多的生意。为了获得客户的信任,我发现需要坚持做以下几件事情:

- 回复每个电话
- 永远做一个好人
- 永远说实话

我把这几条基本要素打印出来,贴在我的提示板上,方便我每天都会看一眼。每次我打电话的时候，似乎它们都在盯着我的脸看。我还把它们写在一张小纸片上，叠起来放进我的钱包里。我保证自己每天都能看到它，在我的脑海中复述一遍，并大声说出来。

多年来，随着业务的壮大，我开始向其他人传授我成功的秘密，这三个要素的基本前提一直没有改变。作为我独创的"好人致胜"项目的一部分，在保证这三个基本要素的前提下，我制定了一个更全面的清单，确保始终如一地正确服务客户：

- 回复每个电话
- 回复每一封电子邮件
- 兑现每一个承诺
- 准时，每次都要准时
- 保持沟通和人际关系的私人化

这个名为"NG30"（NiceGuy30）的程序是为了创建一个统一的行动模式而开发的。我是在对自己的商业活动进行分析后开发出的这个程序。我发现，如果我在与客户打交道时把这作为一个基准，并始终如一地遵循这些行为，我就能在通往成功的道路上领先一步。我们可以控制自己的行为，我们必须让它们保持一致，并养成良好的习惯。在30天内跟踪你的结果、新行为和养成习惯，NG30项目将使你能够掌握我开发的成功模式。以下是具体的行动准则：

1. 电话——回复每个电话。每个电话，不管是谁打的，都必须在24小时内回复。如果他们知道你的名字或者你知道他们的名字，你必须回他们的电话。这包括销售人员、潜在客户、朋友以及任何想要联系你的人。

2. 电子邮件——除了垃圾邮件或群发的广告邮件，请回复发给你本人的每一封电子邮件。邮件不论长短，但你必须在当天回复。

3. 承诺——兑现你的每一个承诺。如果你说"我将在今天写好那份备忘录"，那么你今天必须要写完这份备忘录，而不是明天。如果你承诺了发邮件，或以其他方式沟通，那就一定要做到。如果你认为自己不能兑现诺言，那就不要说出口。

4. 准时——你必须准时，每次都要准时，没有例外。不要为迟到找借口，诸如交通堵塞、牙科预约或其他。每次都要准时，记住，是每次。迟到15分钟就算迟到，请务必尊重他人的时间。

5. 与人交流——建立人际关系是关键。主动、热情地和联系人或客户打招呼。这里的关键是，除非经过对方询问，否则你不要主动推销你的产品或服务。等到对方主动问起生意，你才可以谈生意。

NG30程序在我的网站上是免费的（www.DougSandler.com）。我的建议是把它打印出来，贴在你的提示板上，每天都看一看。不管你是做什么工作的，其中的每一条都会对你有帮助。它会提醒你，成功需要的基本要素，以保持你的业务一直在朝正确的方向发展。

要想成功，你必须始终如一地遵循指导方针。你必须确保你每天都能遵循这5条行动准则。如果你每隔一天遵循一次，或者只遵循其中的4条，那你成功的机会就会大打折扣。例如，如果你回复了所有的电话和电子邮件，兑现了自己的承诺，并且始终准时，但你却认为第5条不是你打算做的事情，那么你成功的可能性也会大大降低。

例如，在一次有关销售的视频电话中，你注意到潜在客户桌子上有一张全家福。图中是全家在迪斯尼乐园游玩的留影。如果你是一个很好的沟通者，想要和对方建立联系，那么可以就这次旅行的情况多聊一聊。当你进一步交谈后，你会发现这是他们一家人第一次去迪斯尼，孩子们都喜欢乐园中未来世界的部分。

回到办公室后，你可以发一封跟进邮件，或者发一封手写的便条：交流很愉快，我们以后常联系。一个星期过去了，你碰巧在报纸上看到一篇文章，其中提到与未来世界和魔法王国有关的有趣事情。你可以把这篇文章剪切下来，然后把它发送给你的潜在客户，或者通过电子邮件发送这篇文章给这个客户。发送文章的举动把你的身份从一个销售员变成了一个朋友，你正在成为一个"好人"。

连续30天不间断地实施每一条行动准则。30天之后，你会养成这个新的习惯，这些习惯会让你走上成功之路。

没有致胜的法宝，也没有打开成功之门的密码。为了成功，我们需要始终坚持我们的积极行为。成功过程中的每一个要素都是必不可少的，如果始终如一地加以运用，就会产生积极的结果。

行动计划

1．写下你目前认为与你的业务不一致的行为。

2．写下你每天需做的事情清单。这将成为你保持一贯性的神奇清单。

3．下载NiceGuy30（NG30）指南，并在30天内每天练习它们。

第六章　好人更容易获得信任

> 如果人们喜欢你，他们会听你说话。如果他们信任你，他们才会和你做生意。
>
> ——齐格·金克拉

（译者注：齐格·金克拉，知名演说家、畅销书作家及全美公认的销售天王暨最会激励人心的大师，曾获国际主持人金槌奖，其代表作有：《与你在巅峰相会》《登峰造极》《金克拉赢家销售心法》《天长地久》等。）

当我的职业生涯开始成形时，我才慢慢明白销售不仅仅只是为了赚钱和有利于自己，更应该是帮助他人。我开始认识到人际关系的重要性及其在销售中所扮演的重要角色。我注意到与客户沟通得越多，我与他们的关系就越发密切。随着我与客户关系的加深，他们做决定时，就会越发在乎我的意见和想法。在这个过程中，奇迹发生了。我的客户越发信任我，而我也鼓励他们做出正确的选择，我和客户之间的关系超越了买卖关系。彼此怀揣着感恩之心，彼此坦诚，成为我们之间关系的核心，价格不再是决定是否交易的主要因素。客户信任我，在任何情况下，我也不想让他们失望。

如果彼此之间没有信任，我们的服务更多的就是为了服务而服务，而不是解决客户的问题。当客户信任我们时，购买环节更多的则是有关于沟通、提供建议、解决问题和表达感激等内容了。

爱默生说过："相信别人，他们会对你忠实；善待他们，他们就会表现得伟大。"

信任是随着关系的成长和成熟而产生的。只有当你的客户觉得你是在全情投入时，他们才会开始信任你。如果你能用行动一次又一次地证明自己的诚意，你很快就会与客户建立起信任关系。

关系依赖于信任，成功也取决于此。持续不断地赢得信任，你就会被贴上"有价值"的标签。"没有信任，你将很难维持有约束力的联系，你将面临挑战。要找到愿意对你忠实的人。"最终，没有信任你将很难谋生。取得信任对建立牢固的关系是至关重要的，这也是显而易见的道理，但许多人并没有认清这一点。只有建立在相互信任基础上的人际关系，才经得起时间的考验。

没有人会说自己太有经验、太强大或太博学，而不需要再去费力取得他人的信任。我们都需要在建立信任方面持续不断地有所改进，因为我们总是在努力与遇到的人建立更为良好的关系。这个过程是动态的，永远不会终止。

信任的考验

是时候衡量你的信任度了，使用下面的清单看看你是否达到了要求。用"是"或"不是"回答每个问题，在完成测试后，给自己打分，就像我在测试下面写的那样。

关于我的关系：

1. 我100%可靠。
2. 我说的都是实话。

3. 我付出的比期望的要多。

4. 我总是准时的。

5. 我致力于快速解决问题。

6. 我是可靠的，可以解决任何问题。

7. 我从别人的角度看问题。

8. 我始终如一地履行我的职责。

9. 我致力于解决问题，而不是制造问题。

10. 我保证我真的用心了。

11. 我让别人觉得自己很重要，因为他们对我来说很重要。

12. 我积极主动地提供信息和见解。

13. 我的沟通清楚顺畅。

14. 我理解别人关心的事情。

15. 我遵循黄金法则，以自己所希望的方式对待他人。

16. 我倾听别人的意见。

17. 我让对方感觉良好。

18. 我对客户的信息保密。

19. 我信守我的承诺。

20. 为了他人，我努力做到最好。

21. 我表示真诚的感谢和感激。

22. 我总是表现出尊重。

23. 我自己盈利。

24. 当我错了的时候，我说对不起。

25. 我提升了关系的价值。

计分标准如下：把你回答"是"的次数乘以4就能得到你的最终分数。如果你的分数超过91，恭喜你，做得好，你是"A"级生；得分在80到88之间，是还可以的成绩，你做得很好，继续努力，继续建立信任。但要注意回答"不"的那几题，稍后可以再做一次测试；如果你的得分在70分或更低，你可能有很多关系会很快失去，除非你马上专注于改善你的关系和改善你回答"不"的地方。当人与人之间有了信任，彼此之间的关系才会发展。提高得分的最好方法是学习那些和你做着同样的事情，但经验丰富的人。读书、听录音、浏览博客，找出这些成功的人都是怎么做的。

许多公司放弃了在信任的基础上打造自己的品牌。在短期内，他们可能会侥幸过关。他们不顾事实，吹嘘自己的产品能让人更年轻、更苗条、更快乐、更凉爽，人们太期待了，以至于轻易地相信了他们的溢美之词。人们花重金购买了他们的产品，但最后往往连盒子都没开封就束之高阁了。或者在使用完产品后，却并未见起效时，我们也并不感到惊讶。我们意识到那些被吹嘘得天花乱坠的产品，往往都是在自欺欺人。

那些在优质服务、高价值、高品质的基础上建立起品牌的公司，最终都会赢得人们的信任和购买。沃伦·巴菲特说得最好："建立一个声誉需要20年的时间，而毁掉它只需要5分钟。永远信守诺言，有效沟通，提供有教养的建议和优质的服务，你就会在基于信任关系的道路上走得更远。"

如何建立信任

随着我在销售、与客户建立关系和服务方面的经验越来越丰富，我意识到，要想成功，需要改变我的方法。销售并不是为了我，而是为了他们。我越关注我的客户，我就会越成功。理解、同理心和换位思考成为我每天的实际做法。每次我与客户接打电话，都变成了一种同理心的修炼。但我也发现，只有真正地认识到诚实、信念和感恩等优良品质与建立彼此信任之间的关系非常重要。因此，以下几点是你在与客户之间能否建立信任关系的关键点：

1. 说实话——即使结果对你不利，也要说实话。想象一下，客户购买了一款你明知道不适合他们的产品，随着时间的推移，他们也会认识到这一点。最好的办法是实话实说，虽然在短期内也许会失去销售机会，但从长远来看，你会得到满意的结果。讲真话永远不会错！

2. 视角——作为一个讲解者，我有一个基于多视角的完整考虑，了解是什么让你的客户"认可"是建立信任的关键。如果你理解了他们的问题、担忧以及是什么让他们放心不下，那么你的工作就好做了。如果你有一个产品或服务可以帮助他们解决一个或更多问题，但通常情况下，潜在客户可能不知道是什么导致了他们的问题，所以提出好的问题，成为一个有效的沟通者，提供诚恳的建议是有助于建立信任的好方法。

3. 尊重客户的时间——如果不尊重他们的时间，你肯定会失去客户，你肯定也得不到他们的信任。多年来，我在招聘员工时，我对他们说的第一件事就是："每次都要准时。"迟到是不尊重的表现，是不可接受的。我十有八九会雇一个没那么有才华但更可靠的人。尊重是很有挑战性的课题，但我可以通过培训教给在职人员。想要建立信任，你就必须在约定时间按时出现，确定你的时间不要超时，要兑现你所做的每一个承诺，如果你说"我将在5分钟给你回电话"，那就意味着你要在5分钟以内回电话，保证不超时。只要你站在客户的角度考虑问题，那么尊重客户的时间是很容易做到的。

4. 奉献和勤奋——传奇棒球运动员贝比·鲁斯说："要打败一个永不放弃的人是很难的。"成功是不容易的，信任也不是随便给的。如果你严格要求自己，过有目标的生活，人们最终会认可你的目标和努力。托马斯·爱迪生说过："努力工作是不可替代的。"在任何我能胜任的工作中，我都很努力。不管我是DJ、抵押贷款人员、房地产经纪人还是饼干店的店员，我都在很努力地工作。我可能不是这些职位的最佳人选，但我可以向你保证，没有人比我更努力，也没有人比我更专注于这份工作。潜在客户和客户肯定会看到我的努力，并信任那些工作努力、对自己的职位尽职尽责的人。

致力于建立信任的公司和个人最终都是会成功的。信任始于坦诚的沟通。你还要继续努力工作并专注于建立令人信服的客户体验来建立信任。如果你一直关注解决客户的问题，你就会继续取得信任，拥抱满意的客户。如果出现问题，要努力尽快解决。如果你的客户觉得你在尽你所能，他们也会因为你的尽心尽责而留在你身边陪伴你。

行动计划

1. 写下你想要努力赢得信任的客户名单。

2. 以本章所述的信任测试为例。列出你要改进的地方和你要采取的步骤，尽量写具体一些。

第七章　好人助力他人成功

> 如果你不授权你的员工,所有的事情都需要你做决定的话,那么你将永远无法成长。
>
> ——斯特里克兰·邦纳
>
> (译者注:斯特里克兰·邦纳,本书作者的合作伙伴,为其播客THE NICE GUYS ON BUSINESS提供音频制作。)

个人的精力是有限的,所以如果你在经营一家公司,管理着一群员工,或者想要超越你现在的位置,那么现在最重要的事情就是学会放手,让别人来帮助你管理。知道什么时候该下放权力是非常重要的事情。

人天性好胜，我们总觉得只有自己才能胜任这份工作，交给其他任何人都难以放心，我们总是面临着这样的纠结和内心的挣扎。在心理上，我们想当然地认为当我们放开掌控时，一切都会失控，但结果却是恰恰相反的。

作为一家公司的老板，我一直致力于授权他人做决定。我是一个掌控欲比较强的人，这对于我来说，虽然是一个艰难的抉择，但我试着学会把正确的人放在适当的位置，并授权他们做出决定，而不用事事亲力亲为。大多数时候，他们都能为你的企业做出正确的决定。

学会给他人授权有很多好处。这不仅对你作为一个企业主或管理人员有好处，而且对你的员工也有好处。如果员工有机会为公司做决策，他们与公司的联系就会更紧密。作为一名商业顾问，我经常会看到销售人员因为害怕降价而失去对价格的控制权，因为他们没有这样做的权力。同一名员工在被授权调整价格时，对待客户的态度是完全不同的。对于被授权的员工来说，肢体语言、表情以及他们对待客户的方式都有很大的不同。给予员工调整价格或为公司做决定的控制权并不总是意味着他们会降低价格或做出不利的决定。

很多时候，公司会设立一个"虚假授权"计划，让员工有能力做出决定，但公司会对他们做出的决定进行微观管理。从本质上说，员工在工作中害怕做出错误的决定，所以他的决定是基于他认为这是管理层想要的，而不是他认为好的决定。这种错误的授权不仅会伤害员工，还会明显影响他在公司的角色，降低他的工作效率。每个员工其实都渴望在一个允许自己做决定而且自己所做的决定至关重要的环境中工作。

给员工一系列的指导方针是很重要的。当人们被要求达到一系列的期望时，他们的工作效率就会大大提高。

建立一个有能量的员工团队

- 信任你的员工
- 保持沟通渠道畅通
- 设定需要实现的目标
- 确保员工知道失败是可以接受的，失败是"安全的"
- 肯定成就，表扬团队中的所有人
- 鼓励独立

- 鼓励团队合作

- 制定一个开放的政策

- 鼓励创新思维和工作

授权给团队的好处

- 创造一个更好的团队环境

- 打破障碍，营造合作环境

- 让员工更独立，更有创造性地思考

- 提高生产力和效率

- 员工对自己的角色更满意

- 大幅减少办公室争斗和负面情绪

赋权给员工，带给公司的好处

- 员工离职率低，员工会认为自己对公司很重要

- 公司利润会更高

- 与传统管理结构的公司相比，给员工授权的公司拥有更大的人才库，可以从内部进行选择和提拔

- 客户更满意，因为可以更快做出决策

下面是关于一个被授权的团队的故事，展示了授权会给公司带来的好处：

一位新婚的女经理和团队一起力争更多自主权以应对不断提高的销售任务额。

娜汀在一家茶作公司任销售经理。她管理着5名销售人员，每年的销售额约为500万美元。除了在塔吉特百货、梅西百货、罗德与泰勒百货和科尔士百货公司等大卖场为客户提供服务外，茶作公司还在全国各地拥有独立的分销商。5名销售人员都很努力，都在努力开发新客户。公司对娜汀也非常满意。公司在娜汀的年度评估中，把她明年的销售额提高到了600万美元，理由是公司对娜汀的能力和她总是能实现目标的良好纪录有着坚定的信心。

三年前在一次会议上娜汀认识了现在的丈夫唐纳德，并立刻爱上了他，他们最近刚刚结了婚，而且他们都升任了公司的高层，只是在不同的部门：客户服务部和销售部。每年的客户体验活动都可以给娜汀和唐纳德充电，输入一些新的想法给他们的团队，激发他们的创意。他们夫妇会在晚餐时分享很多关于销售、服务、成败的故事。

唐纳德一边做他最喜欢的鸡肉菜，配了些南瓜和红薯，一边问娜汀今天过得怎么样。

娜汀说："我现在真的要倒霉了。老板刚刚把我的销售任务提高了20%！我怎样才能做到呢？有人打电话给我说，我的销售团队需要价格批准、合同授权、装运协议。你知道规矩，一切都取决于我。我手头是有一些优秀的销售人员，但公司高层在定价、条款和合同方面把我们限制得死死的，一点灵活性也没有。我该怎么办？老板的这个定额太疯狂了。"

唐纳德给娜汀倒了一杯霞多丽，又给自己倒了一杯。他知道这将是一个漫长的夜晚。唐纳德聚精会神地听娜汀讲述她将如何用不同的方式管理自己的时间，调整自己的健身时间表，留出额外的时间在办公室，以迎接即将到来的额外工作。增加20%的定额意味着每周至少要多在办公室工作5~10个小时。当斯科特去年把娜汀的定额提高了5%时，她每周就要多工作几个小时了，她担心她的销售人员会因此出离愤怒。

那天晚上，唐纳德在享用鸡肉、霞多丽和咖啡时提出了一些很棒的建议。他说："你为什么不早上起来就把你的团队召集起来，和他们好好谈一谈呢？当我陷入一个难题或者不能很好地思考一些事情时，我会让我的整个团队都参与进来。靠大伙的力量和集体的智慧，最终，完成销售额肯定是有办法的。我相信，这个解决方案将是管理层可以接受的。你有一支忠诚的团队，娜汀。我们和他们一起吃过晚饭，一起欢笑，享受着他们每日的陪伴。他们会给你提供解决方案的。现在还不需要改变你的工作日程表，我相信他们会配合你的。"

娜汀在百吉饼店买了十几个刚出炉的百吉饼。上午8点半，她召集了一次全体会议。除了远程办公的大卫，其他4名销售人员陆续进来坐了下来。

"谢谢大家来到这里，谢谢大卫远程加入我们。我们言归正传吧，斯科特给我们明年的销售额提高了20%。"娜汀停顿了一下，她能听到不满的嘘声，看到他们都在翻白眼，连线中的大卫肯定也没有好脸色，她能想象他的担忧，因为他拥有茶作最繁忙的区域，包括塔吉特和科尔斯的账户。"现在我知道，我们通常单独处理定额和销售数量，我很高兴与你们大家讨论具体细节，但作为一个团队，我需要大家一起想办法，来解决这个销售指标大幅增长的问题。"

在那次会议上，他们讨论了很多想法，包括去拜访顶级客户以改善服务和客户体验，额外雇一名销售人员来处理一些低端商品，并培训他们成为初级销售人员。爱喝健怡可乐的伊芙建议雇佣一名助理与销售团队一起工作，"助理可以帮助我们处理日常事务、发订货单，并通过电子邮件回答客户的一些问题。"他们甚至讨论了周末加班的计划，以便能完成更多的事务性工作，这样他们就能挤出更多的工作时间去开发新客户。

在大卫提出关于授权的想法之前，还没有哪一个想法能被大家都接受。"我有一个客户，"大卫说，"他的销售团队和我们的差不多大。他们公司赋予销售人员比较大的权限，如定价、变更、运输异常、合同修订、服务决议和交付变更的权力等，这些都无须请示管理层，他们自己就有权做出处理。"大卫停顿了很长时间，伊芙在会议室里说："我想大卫的信号断了。要么是高层管理人员因为他想出了那个主意而把他开除了。"房间里爆发出一阵哄笑声，除了娜汀，所有人都认为这个想法是管理层永远不会采纳的。

娜汀说："大卫，告诉我他们都是怎么做的，这个过程对他们有什么帮助？"大卫知道大家都在关注着他，所以措辞更谨慎："他们的销售团队，能够在一定权限上自己拍板做决定，而不需要在每次出现异常或有问题时频繁请示上级。他们在某方面和我们相似，我们都有很棒的上级玩家。"娜汀笑了，多年来，她一直在和这群勤奋、专注的人工作。大卫继续说："但是他们的工作时间比我们短得多，挣的钱也比我们多，而且他们似乎没有一个人像我们一样被那么多的备忘录和规则所束缚。"娜汀说："那他们还需要人吗？"大家又爆发出一阵笑声。

会议持续了大约20分钟，9点钟之前娜汀就让众人各自回工位办公了。回到办公桌前，她为当天的询问和计划努力工作。她对团队的承诺是，她将与管理层一起进行评估，并在未来几天内拿出一个切实可行的计划与他们进行沟通。那天晚上，娜汀在准备晚餐的汉堡和烤土豆时，把大卫的想法告诉了唐纳德。他很赞成，也希望管理层能同意，因为他知道她的上司相当保守。但他也知道她的上司信任娜汀，因为她是一个忠诚的员工，总是能百分之百地投入工作。

两天后，娜汀和上司斯科特见面了，汇报了两天前她和团队的那次会面情况。她转达了大卫和整个团队的想法，斯科特问她："娜汀，那你觉得怎么样？你觉得这个方案适用于你的团队吗？"娜汀想了一会，她知道这个方案很适合她的团队。她记起一些团队的点点滴滴，如三年前大卫打电话告诉她为了关闭与塔吉特百货的供货协议，为了不错过他儿子的第一次足球比赛，他如何从明尼阿波利斯坐红眼航班回家；有天晚上，伊芙为了跟进一个特殊客户的订单而睡在办公室里，因为她要帮运输部门为她那个特殊客户的订单打包。

"我认为我的团队没有问题，完全可以胜任，斯科特，但我们需要给他们指导、期望和时间，让他们统一想法。他们可以独立思考，创造性地、跳出框框地思考，我相信我的员工能克服困难。他们都是好员工，都想做好工作。给他们一定的授权让他们去谈合同，而不需要向我请示每一个突发状况，他们能行的。我已经调查了几家公司，他们都有类似这样的计划。赋予员工一定权力的公司拥有满意度更高的客户、更高的利润率、更大比例的成交率、更高的生产率、更高的员工满意度以及更长久留住员工的时间。"她停顿了很长时间，让斯科特发表意见。"听起来你很喜欢这个主意，娜汀。好吧，我已经被你说服了。现在，让我们落实它，以便能完成我们明年的任务。"

那天晚些时候，娜汀在下午4：30召集了手下这些人。她向大家转达了她和斯科特谈话的主要内容，并提出了一个初步的启动计划：任何价格上的让步或协商都由销售员自己来处理，上下浮动最高可达5000美元。有特殊要求的发货情况和发货方法也由销售员自己来决定。大家这几个月很忙，我会给你们提供住宿和长途运输的支持。对于交付异常的，业务员每人有1000美元的处置上限。娜汀把剩下的部分留了出来，等她与销售人员单独会面商议后再做计划。她还坐飞机去拜访了大卫，为他的赋权计划出谋划策。他们把这个项目命名为"茶壶之力"。

"茶壶之力"推出6个月后，茶具销量增长了20%以上。娜汀在那段时间里像老鹰一样跟踪销售情况，她发现定价方面只有少数几个特殊情况。航运例外很少，对定价、航运和合同变更的分析显示，销售团队靠自己做出的许多决策与娜汀或斯科特本来会做出的决策基本相同，甚至更好。这让娜汀非常高兴。当被问及为什么仅仅6个月销售数字就能大幅上升时，许多销售人员表示，他们感觉自己更像是茶作公司的老板；他们感到更自豪的是，能够销售他们有决策权的东西，他们喜欢自己能拍板、做决策的感觉。在"茶壶之力"的电话会议上，大卫对娜汀说："我每天都在做我喜欢做的事情。花时间与我的客户在一起，而不是花费大量时间填写各种异常情况的申请报告，并与管理层进行谈判。我觉得我现在对茶作公司更重要了，我很高兴我有更多的时间来做销售。"

"茶壶之力"项目开展一年后，茶作公司的销售额比上一年增长了35%。大部分的变化归功于"茶壶之力"，斯科特很清楚这一点。在随后的一次会议上，斯科特和娜汀决定给予销售团队更大的决策权，将销售员的定价权限提高到1万美元，将发货权限提高到5000美元。"我们的销售团队令人难以置信，他们真的很出色，娜汀。这个'茶壶之力'真是个好主意。"娜汀回答说："斯科特，我很想把功劳归于自己，但事实上功劳是大家的。大卫提出了这个想法，团队共同谋划，我们一起使'茶壶之力'取得了成功。我很高兴我的生活井然有序，还收获了一大堆非常开心的客户。"

行动计划

1. 列出授权给下属有利的方面。

2. 列出你希望授权给你的组织或核心成员,以及你对他们的期望。

第八章　好人是善于领导的人

> 领导者是知道路与方向的人,正在走的路,将要走的路。
>
> ——约翰·麦斯威尔
>
> (译者注:约翰·麦斯威尔,知名演说家、领导力专家、人际关系大师,著有《领导力21法则》《360度全方位领导力》等。)

领导力有很多种形态和模式,但有一点是肯定的,人不是天生就有领导才能的。与生俱来的地位可能会给你一个有权的职位,但不要混淆了领导和权力。一个有权的职位可以直接给你，但你需要自己赢得领导权威。领导人不应该生活在象牙塔里，也不是在幕后发号施令，真正的领导者往往是在战壕和前线。乔治·巴顿将军在谈到领导力时曾说过："对你所指挥的人，应该是你要求他们做什么，他们就做什么。""领导者的本质是，他们希望控制项目和行动计划的每一个方面，因为他们最终要对一切负责。"

领导者不会把所有的责任都分担给别人，他们自己承担了最大的责任。斯蒂芬·柯维曾说过："没有责任，就没有承诺。"请标记下来，星号，圆圈，下划线。**没有责任，就没有承诺。**

领导者知道如何组建一个好的团队。追随领导者的人这样做是因为他们自己想要这样做，而不是因为别人要求他们必须这样做。

多年来，我一直在研究和学习各个领域的领导者，包括技术、科学、制造和其他领域，我发现了一系列关于领导力的神话。成功的领导者往往拥有许多特质，至少必须具备其中之一。稍后我将详细讨论领导者必须具备的一个特质。现在，我先罗列一些我观察和总结出的几条关于领导者的谬论。

五条关于领导者的谬论

1. 领导者是天生的

没有天生的领导者！任何人都可以成为领导者。当然，这需要积极的态度、长期的努力和切实的行动。领导者是被那些相信他们的人推上领导地位的。他们会追随领导者到最后，不是因为某个项目，而是因为他们喜欢这个人。普通人之所以成为领导者，是因为他们赢得了这个职位。他们有一种不知疲倦的职业精神，总是亲力亲为。成为领导者的一个重要因素还包括承担一定的风险，但如果风险没有得到规避，领导者就得承认自己错了，并承担责任。一个真正的领导者也明白培养其他领导者的重要性。

2. 领导者无所畏惧

这句话完全不正确。领导者和你我一样都会害怕。只是领导者有能力承受自己的恐惧，有勇气面对挑战。尽管他们害怕，但还是坚持到底。领导者的动力来自他们的恐惧，在每一种恐惧中他们都能找到解决问题的希望。领导者也应充满激情。他们对自己正在做的事情深信不疑，以至于要前进的想法超过了对未知的恐惧。

设定目标和制定行动计划是消除恐惧的主要方法。把恐惧看作是通往终点的障碍。你可能会恐惧，"如果我失败了怎么办？"这些担忧是人之常情。克服恐惧的办法就是采取行动。当你向前跑的时候，恐惧就开始消退。当你克服了其中一种恐惧，剩下的恐惧就会开始变小。障碍不是越来越高，而是越来越低。你跑得越远，它们就越容易被你超越。现在想象一下终点线，你就看不到恐惧了。当你冲过终点线时，对失败的恐惧就会消失。一个领导者会帮助你克服这些恐惧，使它们消失，并帮助你跨过那些你觉得很难独自去跨越的障碍。

3. 领导就是权力

此话谬矣！真正的领导者需要承担责任，并指导团队共同做出决策。太多的领导者认为自己手握权力，只会对下属发号施令。其实，真正的领导者不能只是"告诉"团队该做什么事，相反，他们需要"展示"给团队执行的方式。即使目标不明确，前景也不是很明朗，领导者也有责任必须带领团队走出迷雾，直到团队的愿景变得清晰可见。在团队全体人员的参与下，领导者应指导团队设定目标、建立战略并为具体项目创建完整规划。

计算机技术领导者迈克尔·戴尔说："你们（领导者）必须指明方向，即使你们不知道具体做什么。当你以身作则时，人们才会对你产生信任。记住，作为一个领导者，你应该依靠你的下属，而不是相反。你需要人们去完成你的目标，没有下属的协助，你将一事无成。"

4. 领导者很有魅力，充满个性和魅力

大多数领导者远没有那么迷人和讨人喜欢，但是他们身上有三个显著的特质：第一，领导者是有效的沟通者。他们能与接触到的人建立起极具成效的关系；第二，伟大的领导者有清晰的自我意识，了解自己的缺点，并能建立一个人际网络来弥补他们的缺点；第三，领导者有能力专注于一个特定的愿景。他们擅长设定目标和制定行动计划。行动的敌人是惰性和自满。领导者天生就有向前的动力，所以他们总是朝着一个目标前进。

吉姆·柯林斯是《从优秀到卓越》（*Good to Great*）和其他几本有关商业的精彩著作的作者，他说："一个公司的健康发展需要一个领导者，他能给公司注入自己的使命感，而不仅是他或她的使命感。他能通过机制，而不是个人的力量，把这个使命感转化为行动。"

5. 有一种特定的领导风格

此话不对！领导者都是变色龙，他们可以根据所领导的人的性格调整自己的领导风格。如果你花点时间思考一下你所在企业中存在的各色人等，你就会明白多种不同领导风格和方法的重要性。一个非常流行的人格评估工具叫作DISC，其行为的圆盘模型是1928年由哈佛大学心理学博士威廉·莫尔顿·马斯顿首次提出的。DISC模型常常被用作提高工作效率、团队合作和沟通的工具。

"D"代表主导地位，此项得分高的人都是有大局观的人，直率、直截了当，喜欢接受挑战；"I"代表影响力，得此分的人都是乐观的，非常热情，不喜欢被忽视，喜欢和别人一起工作；"S"代表稳定，射手座的人，冷静、乐于助人，不喜欢被催促，这种人很谦虚；"C"代表责任心，得分为C的人喜欢独立工作，想知道所有的细节，害怕出错。领导者明白，团队中的每个人都可能拥有两种或两种以上的性格特征，所以领导者不可能以一种领导风格来对待所有的团队成员。优秀的领导者懂得因人而异地改变自己的领导风格，从而从一个团队中获得最大的利益，并将他的下属视为一个个体而不是一个个单独的群体。

既然我已经谈到了有关领导者的几点谬论，现在我想花点时间讨论一下，我认为所有领导者都必须具备的一个特质。没有它，领导不会长久。

如果你只能选择一种品质来决定一个领导者，那么这种品质是什么呢？为什么有些人，无论他们生活在哪里，都能成为他们所属组织的领导者？无论是财富500强公司、非营利性慈善机构、一个委员会、一个社交圈，还是一支临时组建的篮球队，这些人似乎总是具备领导能力。虽然领导者有很多特点，但有一种独特的品质是至关重要的，在我看来，如果没有这种品质，这些人最终也会被换掉。

我读过大量的研究报告，听了很多关于领导力的讲座，也读过许多描写伟大领袖的书，如戴尔·卡内基、拿破仑·希尔、史蒂夫·乔布斯、斯蒂芬·柯维、亨利·福特等。我研究了他们的体系，阅读了有关于他们方方面面的文章，我发现真正的领导者都有一个共同点。

领导者有时具有魅力，但并非总是如此。一个领导者可能意志坚强，能坚持不懈地完成工作，但也并不总是这样。虽然坚持和坚韧是伟大的领导品质，但它们不是成为领导者的必要条件。领导者可以是有创造力的，通常处于领导地位的人会跳出思维定式。但在我的职业生涯中，我也遇到过很多领导者，他们在严格的参数范围内工作，而且缺乏创造力。

那么，是什么品质让普通人能成长为非凡的领导者呢？真正的领导者知道感恩的重要性，真正的领导者懂得真诚地欣赏和由衷地赞美。领导者知道"谢谢"和"我感谢你"之间的区别。

领导者明白，没有他人的支持，个人无法独立完成任何事情。真诚的感激和欣赏能激励他人投入并做好一切工作。我们都希望得到别人的赏识，事实证明，一旦我们得到真正的赏识，我们就会更加努力地完成任务和项目或承担责任，以回报知遇之恩。

关于感恩和欣赏他人对我们生活的影响，已经有很多研究成果了。感恩使我们感到高兴和喜悦。感恩创造了人与人之间的联系，并帮助我们形成更加紧密的合作关系。想想你和你最喜欢的人之间的联系。他们可能是最欣赏你的人，对你出色的工作表示真心的感谢，真诚地对待你的付出和你的所有努力。

　　学会表达感激的附加好处是，除了进一步加强人与人之间的联系外，它还能增强给予者和接受者的自尊。对相关各方来说，表达感激之情是真正的双赢。领导者明白感恩是会传递的，一旦感恩开始盛行，你的组织就会呈现出截然不同的气场。

　　想在你的组织中找到真正的领导者吗？赶紧找到那个能真正表达感恩和感激的人，我将看到一个愿意跟随他到任何地方的团队。

　　"伟大的人每天都会表现出自己的感激之情。他们不把生活或他人的善良视为理所当然。他们渴望对他人说谢谢，试图第一个表达赞扬。许多人发现，最好的安眠药来自数一数自己得到的祝福，并把它们一一列举出来。"

——史蒂芬·柯维

行动计划

1. 如果没有失败的可能，列出你在接下来的12个月里要设定的目标。

2. 列出你作为一个领导者所表现出的特质，并写下你需要努力的地方，以成为一个更有效率的领导者。

3. 伟大的领导者懂得感恩。我希望你每天都去发现有人做对了什么，并告诉他们你有多感激他们。

第九章　好人更善于团队合作来完成计划

> 没有人能独自奏出交响乐，它需要一个管弦乐队来演奏。
>
> ——H.E.路考克
>
> （译者注：H.E.路考克，神学博士，曾任教于耶鲁大学神学院。）

有一次，我无意中听到一家汽车供应公司的经理对他的员工说："团队合作才能实现梦想。"他当时正在就店员和送货员之间要建立积极关系的重要性发表言论。每天，我随处都可以看到有关团队合作的金玉良言，如在海报上、在转发的电子邮件中、在博客上、在推特上……我认为这是因为体育在我们的社会中扮演着如此重要的角色，而促进团队合作的理念自然而然就深入人心了。

这里有几句话，我受益匪浅，分享给大家：

滴水易坠，汇聚成海。

——芥川龙之介

当成员彼此足够信任，把"我"换成"我们"时，好的团队就会成为伟大的团队。

——菲尔·杰克逊

独自一人我们能做的很少，但团结起来我们能做的很多。

——海伦·凯勒

团队合作是让普通人获得非凡成就的推动力。

——安德鲁·卡内基

无论你来自哪个行业，团队合作都是实现目标的重要组成部分。创造一本书的任务并不仅仅是一个作家坐在房间里，在屏幕上构思词句。一本书的创作过程包括多人的共同努力：编辑、出版商、写作教练、他人的灵感、鼓励者和坐下来写下自己想法的人。如果没有团队中的其他人，我可能永远也写不完这本书。

我们很多人都忘记了，大部头的项目、所有有价值的工作，我们都不可能独自完成。这需要集体的力量才能实现。虽然外人的赞许也会激励我们、让我们朝着正确的方向前进非常重要，但那些亲身参与其中，与我们携手共进的志同道合者能为我们完成任务提供更值得夸赞的帮助。

有一些团队，我们可能并不把他们看作一个团队，而是一群人，但他们必须像团队一样工作，因为他们有一个共同的目标。例如，当你入住一家酒店时，从为你取车的服务员、前台人员、总管、咖啡店服务员，到通宵看管车库的保安人员，每个人都在为你服务。他们都是承担服务任务团队的一部分。这个任务就是确保你在该酒店有一个很好的体验。无论规模大小，作为一个具有核心标准、统一目标和对客户负责的统一整体运营的酒店，无论它们的成本如何，这都是必需的。相反，如果会计部门只顾省钱，偷工减料，而客房部则只想早点让房间清空，这样他们可以快速完成他们的工作，总管可以削减人手以节约部门加班预算,那么最终受苦的就是客户。

相反,一个有价值、被赋权的员工组成的团队,着眼于提升客户体验,并为公司节省资金,最终该公司将获得盈利,并收获一批优质客户。满意的顾客意味着更多的到店服务。团队赢了,客户赢了,每个人都会从中受益,并很开心。

我向华盛顿特区豪华酒店的员工介绍了我的"好人致胜"理念。酒店的总经理获得了酒店最佳省钱建议奖。规定是,建议绝不能降低客人体验的质量,如果建议确实改善了顾客体验,就会给予员工额外的奖励。获胜的建议是把一些简易装的洗漱物品从淋浴器旁拿出来,放在工作台上,这样当顾客淋浴时,如果客人没有使用这些物品,洗漱用品的外包装未被损坏,物品就可以继续使用。

会议结束后,当问到他们是如何想出这个好主意的,部门主管告诉我,整个部门的人坐在会议室(非上班时间),并将所有由他们使用、执行职责的物品放在会议室的桌子上。有人负责做笔记并在白板上列出所有项目,他们共同决定哪些项目可以从桌子上撤走。例如,为了省钱而使用低质量的表单会对客户体验产生负面影响,因此无法采纳该项目;从壁橱撤掉浴袍和拖鞋也不在考虑之列，因为尽管客人一般使用时间不长，但任何降低客人体验质量的做法都将是失败的。有人提出可以省去折叠毛巾装饰的时间，毕竟时间就是金钱嘛！如果你曾坐过游轮，我相信你一定见过那种叠成各种造型的毛巾。一个主管记得，一位年轻客人第一次看到毛巾被叠成大象时，脸上那不可思议的笑容。主管认为应该保留，他解释说，减少毛巾造型虽然可以减少很多劳动量，但一个8岁孩子留下的记忆将会持续一生，所以有些行为还得继续保留。这就是最好的团队合作。

另一个例子是，当我在抵押贷款行业工作时，我是一个庞大团队的一员。我记得从抵押贷款申请到结算日，很多人都在努力寻找新的购房者。这个团队包括信贷员、承销商、房地产代理、房屋检查员、产权代理以及所有的支持人员。在买房的过程中，你可能只与其中的少数人打交道，但整个团队都要为之付出努力才能让你尽快搬进新家。

一支球队里有各种各样的队员，每个队员都有自己独特的个性。不足为奇的是，某些团队成员会自然而然地晋升为领导者，而其他成员则会在团队中充当搬运工、记录员、组织者、支持者和其他一些角色。团队中有思考者、实干家、分析者、专家和其他人，他们也将参与到整个项目和计划中。你的工作是完成分配给团队的任务时与他们和睦相处。下面是一系列你应该学会并熟练掌握的事情，且不能失去立场。作为一个团队，你得有一个目标。

学会委派。作为团队的一员，学习如何委派任务是非常重要的。你只处理觉得有能力完成的任务。记住，团队的其他成员都指望你能顺利完成属于你的任务。这不是一个吞下苦果，承担太多的时候，但这是一个正确处理你应该完成的任务的时候。在分派"任务"时，当你觉得自己在某个领域拥有一定的专业知识，绝对能胜任时，就大胆地直接说出来。

成为一个有效的沟通者。为了与团队中的其他人紧密合作，你需要学会开口说话。但比说话更重要的是，你还需要学会什么时候闭上嘴。我的高中老师总是说："桑德拉，你有两只耳朵和一张嘴，请按比例使用它们。"我还有一位音乐老师，他总是对全班同学说："同学们，在动嘴之前，一定要先动脑。"一个优秀的团队成员能够开启一段对话，但也知道什么时候该闭嘴并赶紧开始行动。记住，团队的目标是完成任务，而不是闲聊。

带着"我们"的哲学，离开"我"的世界。 身处于现代社会，每个人都过于关注自我。我们中的许多人过于关注"我"，以至于当我们被放在一个团队中时，会遇到麻烦。试着走出"我"的世界，进入"我们"的世界，这往往是雇主在面试雇员时首先要考虑的问题之一，也就是要具有与他人和睦相处的能力。

生活就是妥协。 在一个团队中需要理解给予和索取的重要性。妥协是一门艺术，在一个团队中，因为各方需要而放弃小我，会赢得更多。关系需要维系，如果团队所有成员能做到和谐相处，将会超越项目本身达到更高的境界。

每个人都有机会参加比赛，成为最有价值球员（MVP）。 现在不是你拿球跑向篮板的时候。其理念应该是，在涉及团队的项目中，每个人都是明星。如果你的团队是长期合作的，而你不仅仅是在处理一个短期的项目，那么态度和行动就是团队整体文化的一部分。

把功劳归于所有人，一个人的胜利就是所有人的胜利。 能够迅速地表达赞美，保持谦逊，并将注意力集中在团队中的其他人身上，这是一种非常高尚的品质。虽然这是一项很难掌握的技能，但是如果真的做到这一点了，你会惊讶地发现有那么多人想加入你的团队。在团队中，最好的方式是公开地直接表扬值得表扬的人，但是要更进一步，要在整个团队面前表扬。然而，重要的是不要做得过火。因为团队的目标是一起工作，所以在这个过程中也要表扬整个团队。可以这样说："整个团队在给项目省钱方面做得非常好。琼恩是一个非常有价值的团队成员，她加入了一些非常好的想法来帮助我们实现目标。谢谢大家！谢谢你的工作，谢谢琼！谢谢你深入挖掘并帮助我们取得进展。"另一个表达信任的好方法是书面的表扬，手写感谢信是一种很好的方式。最重要的是，它不必由团队领导发送。如果你在团队中的职位不是领导，手写一封感谢信仍然是可行的表达感谢的方式。一张手写的便条也可以表达，但最重要的是，它表明你关心收件人，尊重收件人，并发自真心地感激。

不要急于批评。没有人喜欢为了指出错误而批评的批评家。如果你有了新的想法，并且能恰当地表达自己的想法，那么有技巧地提出建设性的批评意见，会让人更容易接受。不假思索地急于批评，你就会成为最不受欢迎的那个人。我还清楚地记得，我女儿雷切尔三年级第一天回家时我和她的一次谈话。我问她在这个特别的日子里，她最喜欢干的是什么事情。她说："我一天中最喜欢的时刻是休息。因为我去了操场，要提醒每个人都遵守规则。"对于9岁的孩子来说，这也许是可以的，但对于成年人来说，这不是一个好差事。有时候，不遵守所有的规则也没关系，但要指出每个人的缺点。在绝大多数情况下，你的团队会遵守规则，但是在某些情况下，为了适应某种情况而修改规则是可以接受的。跳出思维定式会带来创造力和新鲜的想法；在这种情况下，你会觉得你的团队真正走到了一起。

让同理心成为你的向导，让自己站在队友的角度去理解事情。我们都习惯于被自己的责任、问题和日程安排所束缚，以至于忘记了其他人也有自己的责任、问题和日程安排。尽你最大的努力去理解队友的想法，这对你来说似乎是很容易处理的情况，这是你们建立良好关系的关键。人们变得更接近那些帮助他们解决问题的人。善于倾听他人意见的人，他们就能更容易建立起良好的关系。同事的谈话你都要在场，并确定他只是想吐槽一番，还是要寻求问题的解决。通常女性队友并不一定是希望自己的问题得到解决，相反，她们只是想被倾听，被拥抱，知道有人关心她们，有人在倾听，有人在同情她们的处境。努力培养同理心，这是建立人际关系和成为有价值的团队成员的关键。

理解团队目标和个人目标。你注定要成为高级副总裁吗？或者你希望一周工作3天？你是想让孩子读完大学，需要这份工作来赚取额外的家庭收入或福利吗？有时候我们不知道人们为什么要工作。你知道确定团队动力的最佳方法吗？直接去问他们！在开始一个项目或任务之前，或者在最初的某个阶段，一定要和团队一起，共同讨论团队的目标。在一个白板或黑板中间画一条线，在左边列出所有的团队目标。在右边，列出各队友的个人目标。你可能会发现，诸如认可、奖励、进步和欣赏等这些目标都在清单的右侧。在实现团队目标的过程中，个人目标也是会实现的。

学会说"不"。我把这部分留到最后，是因为大多数读这本书的人基本上都能做到，但我们都有面临挑战的时候。人们通常害怕说"不"，因为他们可能觉得说"不"，会显得自己很粗鲁或刻薄，有可能会引发冲突或争论，或者他们只是想要表现得更和蔼可亲一些。从来不说"不"的问题在于，你会发现如果你不学会说"不"，你就会成为整个团队的"主厨""厨师长"和"洗碗工"。在适当的时候说"不"会让你的团队意识到你的存在、你的专业领域和你的能力。如果你的日程安排很紧，并且你接到一项仓促分配给你的任务，你可能没有精力按时完成任务，从而会影响整个团队的进程，此时，每个人都应该学会说"不"。当你说："谢谢你考虑让我做这件事，但它真的不适合我。"人们会欣赏你的诚实。或者，如果主要是时间问题，你可以说，"我真的很愿意接受这个任务，但我还有其他工作，需要推迟时间。现在不是我能承担这个任务的时机。"学着练习说"不"，如果需要的话，对着镜子练习。微笑，呼吸，真诚。你的队友会原谅你的，我保证。

与团队融为一体是非常令人欣慰的。当一个团队集体达成一个目标，赢得一场胜利或成功完成一个项目时，没有什么能比这种喜悦更令人兴奋的了。

作家、商业顾问和演说家布莱恩·特雷西对团队合作是这样定义的："团队合作非常重要，如果你不擅长团队合作，你几乎不可能达到自己能力的高度,也不可能赚到你想要的钱。"对此,我完全同意。

行动计划

1. 列出一个好的团队合作者的特征。让团队中的其他人也这样做,并与团队中的其他人讨论这些特征。

2. 写下3个你作为专业团队一员的责任,3个你作为团队个人的责任。作为团队的一员,你觉得自己有哪些方面可以提高?例如,你能更好地与你的团队沟通吗?你能更有效地与团队成员保持联系吗?

3. 学会庆祝团队中的小成绩。小的胜利也需庆祝。写下短期的庆祝活动计划。如果你的团队实现了一个目标,一定要花时间好好庆祝。

第十章 好人善于创造快乐的环境

> 成功不是幸福的关键,快乐才是成功的关键。如果你对手头的工作乐此不疲,成功就会悄悄地找上门来。
>
> ——阿尔伯特·施韦泽
>
> (译者注:阿尔伯特·施韦泽,德国哲学家、神学家、医生、管风琴演奏家、社会活动家、人道主义者,获得1952年诺贝尔和平奖。)

我一生都很快乐!即使在生活中遇到挫折,暂时产生的不快、悲伤、痛苦、心痛或失败,也会很快被我消化掉。

当我还是个孩子时，我妈妈总能想办法把坏事变成好事，或者把好事变得更好。作为单身母亲，我妈妈在巴尔的摩的一间小公寓里养大了我们哥俩。我记得在那个小公寓里我总是笑得很开心。我和戴维合住一个房间，我们相处得很好。戴维是一名杰出的运动员，他有一群很好的朋友，他们总能取得好成绩。虽然我知道当他想和朋友们一起出去玩时，他并不愿意让我跟着他，但在内心深处，我知道他也是可以接受的。

生活就是要拥有积极的态度和正确的人生观。有了快乐的陪伴，我认为一切皆有可能。幸福是一种态度，幸福就是真理。每个人都应该试着变得快乐，试着改变自己。当我还是个孩子的时候，我就总是爱和那些快乐、积极向上的人在一起玩。

关于为什么有些人是快乐的，而另一些人则悲观消极，有很多有趣的研究。决定幸福与否的因素有很多，但有一件事是研究人员已经确定无疑的——金钱买不到幸福，研究彩票中奖者证实了这一理论。一项针对数百万美元彩票中奖者的研究表明，中奖者在中奖后被问及他们的生活是否发生了巨大的变化，结果发现，这些中奖者的幸福感只能维持很短的一段时间。日子一长，"老问题"的模式又回到了他们的生活中。

所以，从长远来看，让人们快乐的并不是金钱，那么到底是什么让人们一生都能拥有灿烂的笑脸呢？以下是帮助你获得幸福感的一些要素：

1. 快乐的人懂得表达感激

你可以通过表达感激与他人分享你的快乐。向帮助你完成项目的同事表达你的感激之情；给你兄弟打个电话，告诉他你爱他；感谢你的老板给你更多的时间来完成你的工作。最重要的是真诚地表达你的感激之情，真心感谢别人花时间、精力和资源来帮助你这件事。经常表达感激会让你感觉良好。如果你不相信我，我建议你现在就给家人打个电话试试，在电话中感谢他们多年来给予你的包容和支持，我保证这会让你感觉很棒。

2. 快乐的人不会只关注奖赏

我曾经好多次规划生活中的假期，用度假营造自己的幸福生活。在做度假攻略时总是让人兴奋异常。我还记得小的时候我们去海边旅行的情景。因为我妈妈并不富裕，所以我们经常开车去免费的海滩玩一天,向东或向西开3个小时的车去阳光普照的目的地。在阳光下旅行很有趣,我们一般在旅行的几周前就开始期待,我和戴维憧憬着在沙滩上玩飞盘、在木筏上荡秋千、打迷你高尔夫球。

再看一下这个例子。礼品卡经常被人们选为送礼佳品。当你收到一张礼品卡作为礼物时,其实你同时收到是两份馈赠。首先,收到礼品卡会让人产生一种幸福感,你的大脑开始浏览你可能想要购买的各种商品。其次,当你真正去商店购物或在网上购物时,使用礼品卡也有一定的魔力。当我拿不准要买什么礼物时,礼品卡总是一个不错的选择。你一定会使收到该礼物的人感到加倍快乐。

3. 快乐的人努力工作

一份富有挑战性的工作做好了,会给人带来强烈的成就感和满足感,这是一份简单的工作无法比拟的。快乐的人着眼于回报,努力工作以实现他们的目标,并大肆庆祝他们的胜利。研究表明,努力工作的人往往更快乐。快乐的人能更容易建立更好的人际关系,而这也有助于他们更轻易地实现他们的工作目标。

  13岁时，我在杰弗里的滑雪小屋找到了第一份工作。这家店位于我家乡马里兰州皮克斯维尔的中心地带。杰弗里当时是我的邻居，他会开车带我一起上班。这家商店出售滑雪板和滑雪服。为了即将到来的冬天，大量的备货商品都被运到了商店。即使是一个积极快乐的13岁孩子，我也不喜欢看到数以百计的滑雪板堆在店里。这份工作其实很辛苦，很乏味，就是简单重复的机械性动作重复不断，但它让我明白了朝着一个目标努力的重要性，同时也让我对自己的工作一直很满意。我重新审视了自己对滑雪板的"愿景"，不会去想接下来在店里的几小时或几天的枯燥工作，而是去想那些即将去滑雪的快乐人们。在我脑海中，我打开每一双滑雪鞋，就像给另一个13岁的孩子起了一个特别的名字，这个孩子也会像我一样喜欢滑雪。

4. 快乐的人热爱他们所做的事，做他们所爱的事

  如果你热爱你所做的事，你就会感到快乐。1980年，我通过自己的努力读完了初中和高中。作为一个16岁的孩子，我对有机会赚钱和独立感到兴奋，独立一直是我的目标。有了钱，

我就有可能拥有自己的汽车，买我想买的衣服，享受对一个16岁孩子来说很重要的事情：给我的车加油，买电子游戏，在麦当劳吃饭，买Guess牌牛仔裤。

我在一家叫大曲奇的饼干公司工作。我和我的同事弗雷德·瓦切特开发了一个很棒的销售方法。早期，在大曲奇工作时，我们发现人们买饼干不是因为他们饿了，而是因为曲奇使他们快乐。他们越快乐，买得就越多。如果我们能让顾客开怀大笑，他们就会买更多的饼干。

一到周末大曲奇店里总是人满为患。我们有5～6个人的队伍。弗雷德和我有一个习惯，我们会互相开玩笑，假装争吵，让顾客参与我们的互动，然后卖，卖，卖。然而，我们的老板不赞赏我的做法。他希望我们闭嘴，安静地做好我们的工作。但是我和弗雷德知道，随时开个玩笑有助于我们的饼干销售。我们的销售业绩也证明了这一点。

工作中快乐的基础已经建立，我决心无论做什么工作都要创造一些快乐。在上大学之前，我做过几份工作。我总是有一份能让我站在公众面前的工作。我喜欢逗别人开心，这为我树立了良好的职业形象。我积极的态度为我申请的每一份工作铺平了道路，尽管我并不总是最符合条件的那个求职者，但我总会接到回电。

自从在大曲奇工作后，我学到了很多快乐工作的宝贵经验。几十年后，作为一家娱乐公司的老板，我为那些想成为我公司DJ或技术人员的求职者进行面试。在我进行面试的时候，我谈到了拥有积极的态度、快乐和可靠的重要性。快乐的人通常遵循一种模式，我的发现是快乐的人通是可靠的人，约会早到，说别人的好话。消极的人则是借口的制造者，经常迟到的承诺，对未来并不是很积极。

5. 快乐的人有目标和方向

目标、方向和找到生活的意义在发展业务及发展关系时是极其重要的。快乐的人是有目标的。他们有计划，他们努力工作。快乐的人不害怕失败，因为他们有一个非常积极的态度和人生观。他们明白失败是成功过程的一部分。他们的自尊是健全的，他们能虚心地接受建设性的批评。批评中有真理的种子，所以一个快乐的人会根据真理来决定未来的目标。批评塑造性格使人谦逊，有助于他们做出更好的决定，因为他们关注的是未来。在接下来的章节中会有更多关于目标设定的内容，要知道快乐的人是设定目标的主体。畅想未来，并预见他们在未来的目标。

6. 快乐的人总是乐观的

当你乐观的时候，半杯水也是半满的。丢了工作？这对快乐的人来说不是问题，他们会乐观积极地寻找更好的工作。刚和男朋友或女朋友分手？天涯何处无芳草。快乐的人总是为美好的事情做好准备，并把自己置于获胜的境地。重要的不是生活抛给你的处境，关键是你如何处理它们。当一些人专注于生活给他们带来的负面影响时，一个快乐的人会意识到他们不应该陷入厄运和沮丧的窠臼。在我职业生涯的早期，我住在新泽西，为一家叫作专业简历和写作服务的公司工作。这是我大学毕业后获得的第一份工作。我面试很好，获得了一个管理职位，我热爱我的工作，在公司里进步很快。我的工作是每周拜访我所在地区的每一个办事处，收集该地区8个办事处的支票和现金。

有一次我决定在收完款后去拜访我在纽约的朋友理查德。

拜访完理查德后,我回到停车场,发现车不见了,而所有的支票、现金和文件都在车上。车被偷了!我崩溃了。几天之内,我很明显地感觉到,找回我的车,或者我车里的现金和支票的希望太渺茫了。我最后不得不辞职了。

当我辞去那份工作时,我立即开始尝试找下一份工作。我很快在新泽西州北部找到了一份工作,为一家医疗保险公司工作。在找工作的过程中,我建立起了我自己的朋友、同事关系网,30多年后的今天,我仍然在联络其中的一些人。如果不是因为我被偷了一辆车,可能就不会有那么多朋友帮我找下一份工作。尽管那时我并不快乐,但我坚持不懈地努力工作,建立人脉,为自己创造机会。快乐的人总是乐观的,在任何情况下都能做到最好。

7. 快乐的人有快乐的朋友

你可以通过一个人的公司了解他的很多情况。快乐的人一般都爱和快乐的人交往。因为快乐的人喜欢关注事情积极的一面,他们保持着非常积极的态度。因为他们喜欢保持快乐,所以也乐意培养积极健康的关系。当一个快乐的人生活中发生了一些消极的事情时，他们会在其他快乐的人的支持下很快地走出困境。你是否注意到，当消极的人遇到不好的事情时，他们会立即陷入消极思想、对话和行动的恶性循环？不知何故，他们可能会认为消极的情况可能是由某种阴谋造成的。相反，积极快乐的人会给别人一个支持的肩膀作依靠，帮助别人克服逆境，充当啦啦队长，继续生活，于是问题就这样愉快地解决了。

快乐的人与其他快乐的人交往的另一个原因是，他们确实遵循黄金法则。他们对待别人就像他们希望别人对待自己一样。快乐的人信奉这一原则，因为他们有爱心、善良和同情心，他们希望身边的人也有同样的感觉。

8. 快乐的人能克服忧郁

虽然快乐的人通常都是快乐的，但一周7天、每天24小时都保持快乐是很难的。快乐的人以积极的态度通过快乐的行为来应对挑战。为自己或他人做一些小的善举往往会奏效。如果你在情绪低落的时候做一些积极的事情，你会惊奇地发现它能多么有效地让你重新变得积极起来。你能为自己做的最糟糕的事情就是陷入"陈腐的思考"。帮助自己走出忧郁的一个非常简单的方法就是回顾你在生活中创造的所有积极的东西：一个积极的客户评论、来自你重要的另一半的爱的笔记、家庭度假或旅行的照片。通过这些简单的行动，你可以很快让自己快乐起来。

我相信创造和保持幸福有很多必不可少的因素。有一个因素在我的清单上非常突出，那就是成功的人都是快乐的人。因为快乐的人努力保持快乐，他们把快乐当作荣誉的徽章。我欢迎快乐的人进入我的生活，我始终认为是他们让世界变得更美好。

行动计划

1．列出5个你认为能帮助你拥有幸福生活的要素。你今天要做些什么来帮助自己具备这些要素呢？

2．拿起电话，或者告诉你身边的人，感谢他们出现在你的生活中。让自己快乐的一个好方法就是创造自己的"快乐泡泡"。"发现有人做对了什么事，或者告诉别人你很感激他们，会立刻提升你的幸福感。"如果不相信我，请尽管试一试吧。

3．下次当你发现自己处于一个"艰难的境地"，消极情绪进入你的生活时，让自己尽可能多地保持积极的心态。虽然沉湎于消极情绪是很自然的，但还是要尽快克服它。列出几个能帮助你走出困境的人，请他们帮助你找回快乐。

第十一章　好人有积极的态度

> 生活中唯一的"残疾"就是处事态度不好。
>
> ——斯科特·汉密尔顿
>
> （译者注：斯科特·汉密尔顿，美国花样滑冰运动员、奥运会男子单人滑冠军，曾获"最勇敢运动员奖"。小时因患病而停止生长，后经艰苦训练才在滑冰运动中取得优异成绩。）

我相信，在你拿起这本书之前，你就已经明白了无论是在职业上还是个人生活上，积极态度的重要性。如果其他条件都一样的话，积极的态度会帮助你在面试中脱颖而出。积极的态度会让你面对生活中的挑战，并帮助你克服困难。如果你出了小车祸，或者和同事意见不一致，正确的态度会让一切变得不同。你可能没有意识到积极的态度能在多大程度上推动你在生活中前进。

积极的态度也是很多其他特质的好伴侣。积极的态度加上幽默感可以把任何情况都转变成有利情况。积极的态度和坚韧不拔会让你安然度过最艰难的时刻。当消极的事情发生在你身上的时候，你想要一个保持积极的有效方法吗？大声笑出来，然后再做一次。笑是释放消极能量的好方法，它会让你敞开心扉，迎接积极的事物。在你度假前夜，某项工作该到截止日期了，为此你必须在办公室里加班熬夜，而你又错过了孩子今晚的球赛。如果你拥有积极的态度则会帮助你稳定情绪且积极地应对工作。从积极的角度看，这项工作是在帮助你尽快完成任务，从而让你和家人能尽情享受一个愉快放松的假期。

当涉及态度的时候，有一个规则是很容易记住的，那就是：你可以选择你的态度，你是100%的掌控者，你的态度由你决定。所以问题不是为什么你应该有一个积极的态度，因为你知道积极的态度总是更好的，而是你如何创造和保持住积极的态度。我们在前面的章节中讨论了恒心、持之以恒对于取得成功的重要性。拥有积极的态度，还得在一段时间内坚持不懈，才有可能取得一个良好的结果。

那么，当这个世界有时似乎在与你作对，而你却在挣扎时，你该如何选择自己的态度呢？当情形充满挑战，而且会变得越来越具有挑战性时，那就是选择积极态度的最佳时机。当然，当情况好的时候，人们很容易变得快乐、积极向上。但也要养成努力工作的习惯，在困难时期保持积极的心态。有了积极的态度，你才可能赢得更多的机会，生活就是要不断战胜自己。

这里有一些技巧和策略可以帮助你建立积极的心态。你必须始终以积极的方式与自己对话。停止消极地抱怨，那样对你的精神没有好处，只会让你沮丧。消极的自言自语就像雪球，越滚越大，只会让你的态度变得更糟糕。当你的态度越来越差，你的坏情绪就会放大。相当于在你身边人为地制造了一个消极的环境，而这也会让其他人感到痛苦。停止消极地自我对话，把自己放在通往快乐之城的捷径上。试试这些积极的词汇："我值得""我一定会成功""我看到自己很快乐""我能做到"和"我有信心"。把这些消极的话擦掉："我做不到""我从来没有做过""如果我尝试，我也会失败"。

大多数人失败的原因不是因为他们尝试过而没有成功，大多数人失败是因为他们从不给自己成功的机会。让积极成为现实，让自己处于积极的状态。

接下来，让自己行动起来。根据牛顿第一定律，运动中的物体保持运动状态。如果你让自己动起来，你就能解决问题。你的大脑需要转移注意力，请你积极地参与到一个项目、对话或活动中，这将有助你摆脱之前产生的抑郁和糟糕的状态。

作为一名工作超过25年的DJ，有一次，我注意到舞池里挤满了人，这很有趣。我发现让人们从坐着的桌椅旁站起来开始跳舞比让他们一开始跳舞就待在舞池里要困难得多。人们等待完美的歌曲来激发他们的参与，并开始跳舞。然而，如果他们一直站着，只要有节拍，他们几乎会跟着任何东西跳舞。当涉及态度时，你的大脑也会以同样的方式工作。如果你感到消极，不要静止，让你的大脑朝着积极的方向运动。你很快就会发现，只要你让它动起来，你就能让自己走出低迷，而且它如果保持正能量，会一直朝正方向运动。

最后，像赢家一样思考，做一个乐观主义者。成功者总是在寻找希望。我爸爸曾经讲过一个有趣的故事，讲的是一个年轻人被锁在一个只有马粪的房间里，房间里臭气熏天，更糟糕的是，门被锁上了。年轻人一开始很不开心。大约一个小时后，门开了，那个年轻人站在马粪堆上，脸上挂着笑容。当被问到为什么这么高兴时，年轻人说："这里有这么多马粪，一定还有一匹小马！"做一个乐观主义者，那你看到的就是小马，而不是马粪了。

当你的思想开始向所有伟大的可能性敞开大门时，你就会注意到越来越多积极的因素。积极情绪就像一个漏斗，从点滴情绪开始，然后逐渐向更多的积极情绪敞开。积极的和消极的情绪不可能同时存在于你的大脑中，积极乐观的想法会逐渐压倒消极的情绪，甚至那些困难也会随着你的情绪上升而识趣地自行消失。

保持积极的态度还有其他好处。事实证明，保持积极的心态会减轻你的压力。生活中的压力越小，你就会变得越积极。减轻压力也会创造一个环境，让你可以清晰地思考，更专注于你的目标。压力大的人在他们的生活中往往有更多的焦虑、麻烦和危机。这是一种恶性循环的三重威胁。科学研究证明，过大的压力会削弱人体的免疫系统。如果再加上糟糕的健康状况，你就会看到消极的态度带来的可怕后果。

我是一个非常积极的人，但我也是一个现实的人。我不奢望生活中的每一天都是积极的。而且，我也不是那种永葆激情的啦啦队队员。欢呼激动是暂时的，通常就像从你下车走到家门口那么短。每个人都会有情绪低落的时候。如果你出现消极的状态，我希望你能有一个永久的解决办法。即使是像我这样乐观的人，也会有消极的时候。然而，当你开始养成让自己积极向上的习惯时，这样的日子就会越来越少。旧的你可能一整天都在消极思考，而新的你可能只有几个小时的消极状态。最终，通过练习，消极的态度可以通过时间来克服和消除。在那一刻，你会意识到是你选择了你的态度、你的情绪和你的心态，没有人能控制，除了你自己。那才是你真正开始赢得人生的时候。

既然我已经介绍了一些从你的思维中消除消极情绪的方法，接下来我想花点时间来讨论两个可能导致消极思维并最终导致消极态度的关键问题。消极情绪的第一大前兆是担忧。其实大多数担心都是不必要的，只会浪费精力。正如金伯利·威尔肯斯所说:"没有时间这么做!"

我还记得从大学到第一份全职工作的转变。这份工作让我从我的家乡马里兰州的巴尔的摩搬到了新泽西州的切里希尔。担心伴随着搬家而到来,我有很多烦恼,如果工作不成功怎么办?如果我失业了怎么办?如果我付不起账单怎么办?在搬家前的好几个星期里,这种担心和焦虑让我彻夜难眠。我非常担心,这影响了我在搬家前做出的每一个决定。我把周围的人都逼疯了。

现在回想起来,去新泽西州工作是我做过的最好的决定之一,它教会了我独立做决定。它使我成为一个更好的管理者,教我如何正确管理自己的钱和预算。我在新泽西生活了5年,在那里学到很多关于生活、商业和人际关系的早期经验。如果我当初因为担忧而退缩不前,我就会错过这次搬家所带来的所有美好经历。

第二个可能产生负面结果的问题是恐惧。恐惧使人麻痹,如果你听之任之,它可以让你停止前进。人最大的恐惧来自对未知的恐惧。一般来说,人们害怕改变,尽管当前情况可能很糟,但对未知的恐惧更糟。杰克·希思说过:"认识的魔鬼总比不认识的好。"通过给自己找借口，我让自己度过了一些艰难的时刻。我经常对自己说，"最坏的结果是什么？"这句话让我经历了很多困境，直到今天。如果这个问题的答案是我能应对的情况，那么我就勇往直前，把恐惧放在一边。不要让恐惧和担心阻碍你。恐惧意味假设而不是真实的，没有任何理由，所以放手去做吧。

专注于摆脱你的担忧和恐惧，你肯定会抛下导致消极想法和消极态度的两个关键原因。

要真正理解对生活保持积极态度的重要性，需要多年的努力来保持积极的态度。这些年来，通过保持积极的态度，我已经摆脱了一些糟糕的情况。我的父亲是一个很棒的商人，但不是世界上最好的父亲。但我能够从和他的关系中带走我所需要的，而把其他不需要的抛在身后。我学到了很多关于我想成为什么样的父亲的教训，我也学到了我需要成为什么样的商人才能在商业上取得成功。在我后来的生活中，我发现自己的婚姻无法修复，最终痛苦地离婚。我可以选择如何应对生活中这两种富有挑战性的情况，我选择了不被担心、恐惧或人际关系的消极态度所困。当一切由我决定的时候，我选择战胜困难，而不是让糟糕的情况左右我,让我对未来做出糟糕的决定。如果有选择,而且总是要选择,我选择拥有积极的态度。

行动计划

1. 写下你的"咒语"。当你的态度不积极时,你就对自己说一些"咒语"。你的"咒语"可以很简单,对自己说:"我很好,我值得做伟大的事情,我对我的人生充满信心。"

2. 画一幅你想要实现目标的图画,把它放在你每天都能看到的地方。最近,我在TED演讲的一大群观众面前画了一张自己的简笔人物画。这张小纸贴在我浴室的镜子上,以图片的形式每天提醒我,这是我要实现的目标。

3. 每天抽点时间来告诉自己你是有价值的,你在这个世界上有一个重要的位置。积极的态度植根于你的信念,你是好的,你是可靠的,你对周围的人有积极的影响。

第十二章　失败是成功的一部分

> 不要为你的失败感到沮丧，从失败中学习，然后重新开始。
>
> ——理查德·布兰森
>
> （译者注：理查德·布兰森，维珍集团创始人、世界上第一位去往外太空的平民、商业奇才，其商业帝国遍布移动通信、银行、电视、动漫、能源、医疗、零售、航空、旅游等。）

你可能想知道，我为什么要在一本关于成功的书里写一个关于失败的章节。写一本关于高效、感恩、快乐和成功的书，应该是关于积极的思想、能量和感觉的，对吧？当然，但我想现实一点。如果你在生活中取得了某种程度的成功，你不是在第一次传球时就投中，这种可能性是更大的。我相信你在这个过程中也有过一些失误，就像我一样。

1991年，就在我进入抵押贷款行业之前，我有一个想法：拿到房地产营业执照，靠卖房子赚钱。虽然我通过考试拿到了执照，但我一套房子也没卖出去过。我不喜欢在电脑上输入商品清单的整个过程、不喜欢带着优柔寡断的人四处看房子、不喜欢在深夜接到卖家的电话。这个工作并不适合我，结果证明了这一点。没有卖掉一栋房子，就没有任何佣金收入，在我当时看来，这是一个失败。但现在回想起来，如果我当时没有做房地产生意，我就永远不会与一位在抵押贷款业务上取得巨大成功的高中同学建立联系。

我做抵押贷款业务时的老板叫布莱恩·萨克斯，他是一位优秀的领导者。他是我们第一城抵押贷款公司（First Town Mortgage）当地办事处的经理。布莱恩是我当时那个年龄所见过的最成功的人。他很有动力，很有天赋，很受欢迎，而且非常积极。他教我如何设定目标，如何度过困难时期，如何保持乐观，如何提供被一致认同的服务。布莱恩也很有趣，他过去总是说一些名言。我们会叫对方"西摩"（我不知道为什么，但我们就是这么叫对方的）。对于优质的客户服务，他会说："西摩，在盲人的王国里，独眼称王。"他的意思是，我不必完美，但我需要比其他人更好。他是对的。我们不必为了成功而变得完美。我们允许失败、失去生意、搞错文书、意外违规。只要你起来的次数比被打倒的次数多一次，一切就都会好起来的。每次我遇到挫折时，布莱恩都会来接我，帮我从错误中吸取教训，然后再把我推出门。他会说，"西摩，在你卖出东西之前别回来"。我非常尊重布莱恩，我吸取了他的智慧，听从了他的建议。

我很感激布莱恩出现在我的生命中，那时我刚大学毕业，在商业上还是个新手。布莱恩帮助我在第一城运营的几家公司中获得了年度最佳新人的称号。由于我连续两年的销售业绩突出，我赢得了公司奖励的加勒比群岛之行。

布莱恩还教会我跌倒后爬起来的重要性。虽然我们年龄相仿，但布莱恩却是个老好人，整个办公室的人都会听取他智慧的建议。如果我哪天心情不好，或者销售不理想，或者事情进展不顺，布莱恩就会跟我谈论20世纪一些伟大的导师和有影响力的人物。布莱恩会引用著名企业家和作家的话，比如拿破仑·希尔和戴尔·卡内基。

关于失败的一个非常重要的教训是，认清失败是通往成功很重要的一部分。伟大的领导者在通往成功的道路上都经历过巨大的失败。在当选总统之前，亚伯拉罕·林肯在州议会和众议院的竞选中落败，未能获得国会提名，在竞选美国参议员时落败，未能获得副总统提名，在商业上也失败了。许多人在被选为美国政府最高职位之前都经历过多次失败。

史蒂夫·乔布斯可以说是数字时代最具领导力和影响力的人物之一。但是，在赢得Mac、iPhone和iPod的胜利之前，乔布斯的简历上也有很多没用的产品。另一个在成功前经历过巨大失败的例子就是阿尔伯特·爱因斯坦，一个伟大的天才，在科学和生活上都很出名的人，他说失败是成功的进步阶梯。失败后成功的关键在于不放弃。发明家托马斯·爱迪生说过："生活中的许多失败，都是因为人们在放弃的时候没有意识到他们离成功有多近。"

为什么人们在失败后就放弃了呢？我相信答案很简单——失败的伤害。失败让我们觉得，我们不够好，不够聪明，不够顽强，不能成功。失败动摇了我们的信心。是我们头脑中的声音在说："看吧，我告诉过你。"这就像我们在成长过程中遇到的每一个欺凌者，在精神上打击我们。我们生活中遇到的每一个坏老板、不友好的同事和不支持我们的家人都是欺凌者。但我们需要超越失败带来的所有负面影响。我们需要关注失败之外的事情。我们有时过于目光短浅。我们面临的最大挑战是如何超越现在的痛苦去看到明天的快乐。

我们从失败中得到的最好的结果是我们得到了教训，我们得到一个反例。我们获得了继续前进的知识、力量和勇气。在某些情况下，失败应该激励我们更加努力地完成一个项目。在某些情况下，失败告诉我们正在做的项目不值得继续下去。但无论如何，失败给我们上了一课。

失败，类似成功有一组特定的特征，人们失败通常也是有原因的，与业务相关。下面是人们失败的几大原因：

1. 什么都想要，可能什么也得不到

多头并行会让你蒙受损失。我刚开始我的演讲生涯时，聘请了一个演讲教练，名叫简·阿特金森，她在第一天就教我

"只选择一条车道"。她帮助我认识到，如果一开始就把全世界都看作是我的市场，想把我的生意推向全世界，我就会有大麻烦，肯定是实现不了的。我们需要缩小我们的关注点，从一个具体的点切入进去。我开始制定营销计划，结合我在销售和营销方面的优势，我编制了一个信息录，具体到每个市场。你要提供产品或服务的市场需要一位与之匹配的专家。想象一下，如果你去看牙医，却在前台上看到一个牌子，上面写着"送比萨、擦鞋和宠物寄存"，你会有什么感觉？太不专业了。选择适合你的道路，然后全身心地投入到你的选择中，学习你所能学习的一切，为成功而努力工作。请记住面面俱到并不会为你赢得更多的生意！

2. 没有时间吗？时间要靠自己规划，否则你很可能会失败

成功需要时间，这样的例子有很多。我总是和那些生活在"真实世界"、有实际工作的朋友开玩笑。我告诉他们，没有什么比整天穿着睡衣工作感觉更好的了。自主创业很棒，因为我还可以选择每天工作18个小时。为了让成功成为你的结果，你必须花时间去追求它。成功是一项全职工作。如果你正在创

业，并且已经有了一份全职工作，我强烈建议你制定一个包含你行动计划的商业计划。你需要消减你生活中的娱乐活动（也许只是暂时的），因为它们会浪费大量时间。首先关掉电视，根据尼尔森最近的一项研究，美国人平均每周看电视的时间超过30个小时。2012年，我切断了有线电视，彻底戒掉了看电视的习惯。我重新掌控了自己的"空闲时间"，能够集中精力打拼自己的事业。此外，我也能在我的生活中找到更多的平衡，准备好为成功腾出时间。这一切都需要付出大量的时间。

3. 要敢于梦想，万一成功了呢？

莱斯·布朗，励志演说家、作家和商业人才，他说："向月亮射击，即使你失败了，你也会在群星中降落。"胸怀大志，为什么不呢？你应该有一些崇高而现实的目标，努力做到最好。永远不要把目标放在第二位。去寻找金子，用心去思考。大多数人失败是因为他们设定的目标太小，最终无法实现或生存。

2014年，我向《赫芬顿邮报》（*Huffington Post*）创始人阿里安娜·赫芬顿提交了一篇博客。我从没想过她会看我的邮件，但我希望她会。当她回复我的邮件时，我非常高兴。我更高兴的是，她喜欢我的博客，并把它添加到她的出版物里。我很自豪地说，我现在是赫芬顿邮报的定期撰稿人。胸怀大志，也许会有回报。

大卫·J·施瓦茨博士撰写了《思考的魔力》（*The Magic of Thinking Big*）一书。他在书中写到，通过思考和行动帮助你养成成功的习惯，可以改善你的工作、婚姻和家庭生活。施瓦茨博士详细描述了积极思考、相信自己以及培养领导者习惯的重要性。他还谈到，任何人都能取得成功，因为任何人都能像赢家一样思考。你不需要受过高等教育、比别人更聪明或更有资格获得成功。成功与其说是由一个人的大脑大小决定的，不如说是由一个人的思维大小决定的。

4. 无法承担责任

推卸责任的游戏很容易玩。人们很快就学会了推卸责任、找借口，而忽视了自己能掌控自己的事实。性格在决定成功的过程中起着巨大的作用，而失败的一种方式就是把挫折和问题归咎于他人。

作为一家娱乐公司的老板，20多年来，我目睹了许多才华横溢的音乐节目主持人在生意上的失败，因为他们会把与生意有关的问题归咎于除自己以外的任何人。我们有一个简单的规则，主持人必须在活动日期前一周打电话给客户，以便了解活动细节并向客户介绍自己。你可能认为这样的规则很容易遵守。实际上我会让助理在活动前一两天打电话问这些主持人一些关于派对的问题。很简单，我的问题总是一样的："当你本周早些时候与客户交谈时，他们告诉了你什么？"大多数人会说："我试过和客户取得联系，但他们却没有给我回电话。"这些才华横溢的人不为自己的工作负责，我感到非常沮丧。

如果你能训练自己从生活中吸取教训，你就会在防止失败上取得巨大的进步。下次你想把自己的困境归咎于他人的时候，停下来想一想，你打算在找借口上花多少精力，然后用同样的精力去找出解决问题的办法。

成功取决于你。除了你自己，没有人对结果负责。你越早意识到这一点，你就会越快地对自己负责，在通往成功的路上也会走得越快。

5. 你需要一套正确的行动体系

体系是必要的，以帮助你成功。在你的事业中缺乏体系会使你走向失败。我的好人体系很简单，包括三个基本步骤：投资、激励、执行。重要的是，并不只有一个正确的体系。从成千上万的选项中挑选，或者创建一个你自己的体系并坚持下去。在商业上失败的人通常都是因为他们没有遵循一个体系，或许虽然他们有一个合适的体系，在使用时却不能始终坚持到底。我在本书的另一章专门讨论过一致性作为成功的必要条件。

我建议，如果你现在很忙，你可以采用一个包括时间管理的体系。我个人认为，已经开发出来的最好的体系使用起来很简单，有自动化的基础（将其用作工具，而不是拐杖），并且设置了一个你可以每天遵循的惯例。

计划是避免失败陷阱的最重要一环。伟大的发明家、政治家本·富兰克林曾说过："如果你不会做计划，你就是在计划失败。"计划可以简单到写在餐巾上的一组目标，也可以复杂到提交给风险投资家的整本商业计划书。这个过程应该是准备好、瞄准、开火，而不应该是准备好、开火、瞄准。

行动计划

1．写下你在职场上经历过的3次令人印象深刻的失败，以及你从中得到的教训。

2．列出可以帮助你避免失败的5种积极的态度，或者如果你失败了，哪些积极的态度可以让你从失败中尽快回到正轨。

3．下次当你发现自己要为失败找借口时，请立刻停止！找借口很容易。承担责任，更加努力地提高自己，保持积极的心态。借口不会帮助你成功，行动才是。

第十三章　好人需要避免的错误

> 一个人必须有足够的勇气承认自己的错误，有足够的智慧从中获益，有足够的勇气改正错误。
>
> ——约翰·麦斯威尔
>
> （译者注：约翰·麦斯威尔，知名演说家、领导力专家、人际关系大师，著有《领导力21法则》《360度全方位领导力》等。）

当我就"最先要做"的话题向小组成员发表演讲时，我花了很多时间谈论为什么建立积极的体验是卓越客户服务的重要部分。建立积极的体验，一部分是理解与潜在客户或现有客户打交道时需要避免的错误。多年来，我从事的大多数工作都是销售，在与客户打交道的第一线。

我注意到，当我交易失败或不能让顾客完全满意时，情况往往是类似的模式。直到几年后，当我拥有自己的公司时，我才意识到，犯了这些错误，哪怕是其中一个，我都极有可能失去一笔交易或一位客户。当你是一个经营新手时，一次失败的销售可能就意味着关门大吉。已经建立起来的良好的客户关系，也可能会立马消失。为了帮助我避免犯这些错误，我把它们写下来，研究它们，调整它们，修改它们，并制定了一个总体计划，尽我所能不让这些错误蔓延到我的其他行为中。

当我开发一个新项目，教别人如何与客户建立更好的关系时，我也研究他们的行为，以验证在销售周期或提供客户服务的过程中，我犯的这五个错误并不是我所特有的。也就是说，如果别人犯了同样的这些错误，也会导致他们的销售失败或客户不满。

为什么有些从事销售和客户服务工作的人取得了成功，而另一些人每天都面临着他们似乎永远无法解决的挑战？为什么你把一个房地产销售业绩很好的人，放到一个销售其他产品或服务的职位上，他们仍然会成功？有人可能会说："那家伙是个天生的推销员！"或者他们可能会说，"他只是个好人。"也许这两点都对。或者，也许，仅仅是也许，同样的成功都是他们经历了足够多的错误，花费了足够多的时间，才弄清楚了怎么做才是正确的。

有一件事是肯定的，在过去的25年里，我犯了书中的每一个错误。如果有足够的时间，我很乐意列出一千三百七十七个错误，它们给我和我所研究的人带来了挫折、障碍、失败和失去的体验。请记住，当你回顾这些错误时，它们的启示不仅仅适用于业务，这些也是很好的人生课程。我认为重要的是，当你开始回顾这些时，如果你犯的错误，并没有完全忘记，你还有机会改正，就是这么简单。但是你必须停止犯相同的错误。

如果你不能改变你的行为，我向你保证，你通往成功的道路将是漫长的。为了让自己在事业和生活中走上成功的捷径，你必须迅速做出改变，不要犹豫，每天反思你是如何进步的，在通往成功的路上，需要避免犯的错误如下：

1. 没有倾听

听起来很简单，对吧？常识吗？人们究竟为什么不听他们潜在客户或客户的意见呢？

对我来说，这句话太简单了，我不明白为什么销售或服务人员都不听。当我写这篇文章时，我正坐在酒店房间里。我一进屋就注意到玻璃器皿很脏。我打电话到前台，想要几个新玻璃杯。不到5分钟，客房部的简来敲门。当我打开门看到她时，她手里拿着一个冰桶。

我感谢她的快速反应，但我告诉她我要的是新杯子，而不是冰桶。而前台转达给她的信息是我需要一个干净的冰桶。这家全国连锁酒店不会因为没有给我提供干净的玻璃杯而失去我这个客户，但如果前台听懂了我的要求，才会让我觉得我的需求真正被重视了。

我的意思就是，你必须认真倾听别人对你说的话。约翰·克里斯坦森提出了一种奇妙的哲学，叫作鱼哲学。克里斯坦森先生创建的这一理念在1998年推出以来，许多公司和学校都采用了他的方案。这一理念的关键之处就在于活在当下。持续地正念练习，通常意味着，当你在工作或在家里的时候，你的身体和头脑都专注于手里的事情，并努力避免陷入想入非非的世界。这也意味着你虽然身处同事、朋友和家人的身边，但注意力请集中在你正在做的事情上。

2．承诺过多，兑现不足

朗达经营着一家瑜伽垫的零售企业，她上午与当地一家瑜伽垫供应商开了个会，他们有各种颜色的瑜伽垫，而她正在寻找货源，一切似乎都进行得很顺利。交货时间为30天内，也在她要求的时间范围内。60天整的付款时间也正合适。她现在所需要的只是等刚刚和她开过会的销售人员提供一份正式的协议。会议结束时，销售人员说："谢谢你，朗达，我将在几个小时内把这个协议交给你。我现在就回办公室去处理。"

一切进展顺利，世界是如此美好的。朗达似乎看到她的公司货架上摆满了瑜伽垫。她很兴奋，因为终于有了客户想要的颜色。外出吃完午饭后，朗达用iPhone查看了她的电子邮箱，还没有收到邮件。她很快给供应商代表打了个电话，但他出去吃午饭了。她给他留了条语音信息，然后迅速发了一条短信：

"我什么时候能看到合作协议呢？"他很快地回信息说："你会在下班时拿到它的。"她很失望，因为这并不是他原来承诺的时间，但一切都还好，她可以继续等待。下班时间到了，仍然没有收到任何邮件。第二天早上，她给销售代表打了个电话，发现有一款产品颜色已经缺货了，但可以在与客户约定的最后期限之前发货给她的公司。她还发现，她的公司将不得不支付巨额定金。虽然对方销售员说，他能帮她免除一部分定金。但整个过程给朗达留下了非常不好的印象。不管怎样，她还是推进了销售。但下次她一定不会再和这家供应商合作了。

上述情况并不少见。销售人员经常犯过度承诺的错误，而不得不为此付出高昂的代价。销售人员为促成一笔交易，他们可能会为此做出过多的承诺，但结果却兑现不了。我们都经历过被人欺骗的感觉，这种感觉很不好。我们想取悦他人，让他人高兴，但有时候，我们会把我们认为他们想听的话承诺给他们。

让我们以上面的场景为例，尽我们最大的努力来改变它。朗达结束了上午的会议，30分钟后她接到了一个电话，是和她对接的销售员打来的。"朗达，我现在正在整理这个协议。我和生产厂家核查了一下，发现上周晚些时候我们刚接到一笔很大的订单，要订购同种颜色的瑜伽垫，所以我们这个订单中这种颜色的垫子存货不够了。我现在有两个解决方案，你看哪个更适合你：我明天可以再发另一种颜色给你看看，或者我们可以等到你想要的颜色有货了再下单，这比你需要的日期提前了很多。您是我的VIP客户之一，我有信心可以免除押金。我真的很感激你对我生意的照顾，朗达。"最后这个销售员成功拿到了订单，朗达对她的订单得到妥善处理也很满意。

人性的一部分是想要取悦他人，让他们快乐。有时，我们会把我们认为他们想听的话告诉他们。只有在我们能够确保兑现承诺的情况下，这才是可行的，并百分之百地为他们克服困难。不要仅仅用语言来取悦你的客户，过度承诺和交付不足是问题产生和客户流失的根本原因。

2009年夏末，我和华盛顿人才经纪公司的老板一起去拉斯维加斯出差。这次出行是商务和娱乐的结合。该机构的两位所有者查克·卡哈诺夫和罗伯特·舍曼花了几天时间，让活动变得很有趣。我们住在很棒的酒店，享受美味的食物，虽然我们很放松地享受了几天的生活，但实际上我们也做成了一些生意。在这次特别的旅行中，我们坐在一起吃晚餐，一边享用着美酒解百纳和美味的牛排，一边讨论第二天的计划。我们了解到一家叫热波（Zappos）的零售网站，这家公司非常擅长提供客户服务，履行承诺，创造一种非常积极的企业文化，所以他们组织我们参观了位于拉斯维加斯的公司总部。

我总是想知道为什么会这样，原因何在（尤其是当它们运行良好的时候）。当我发现第二天就有巡演的空闲时，我很兴奋。在参观"楼层"的过程中，我们了解到热波的创始人谢家华在提供屡获好评的服务方面能力过人。谢家华写了一本名为《传递幸福》（*Delivering Happiness*）的书，书中讨论了设定很高的期望并确保超出这些期望的重要性。如果你还没有听说过热波的故事，或者你从来没有想过体验一种积极的文化到底有多有效，那就去看看他们，或者去了解一下这家价值10亿美元的在线零售商是如何崛起的。你肯定会佩服得五体投地的！

3. 反应时间和跟进能力差

我们每天都被各种信息轰炸。我们中的许多人每天把大量的时间都花费在电脑、iPad、iPhone、黑莓或其他设备上。我们目前所处的信息超载时代，让我们很难过滤掉所有的垃圾，并分辨出什么是好东西。"好东西"是指任何与我们有私人联系、现在需要我们关注的电子邮件、电话、短信或信息。

最近我有机会为一个活动聘请了一位音乐家。我给那位音乐家的经纪人留了个口信，请他告诉我档期。几天过去了，我还没有接到回电。我再次跟进，还是没有回电。在我第三次试图联系经纪人时，他接了电话，但我却被接二连三的借口拒绝了。"对不起，我不知道你的电话号码和你的名字，我本来想再打过去的，但是我想你可能因为假期不上班了。这是一个非常忙碌的周末，我还没有抽出时间回电话。"这些借口就是我最终选择了另一位音乐家合作的原因。

我没有理由相信，仅仅因为我试图联系他们，他们就会照顾我或我的客户，或者在活动当天送货上门。

当面对一个潜在客户时，快速跟进是至关重要的。即使你回个信息说："我刚收到你的信息，我想和你谈谈，我们能不能约个时间打个简短的电话？你的电话很重要，我不想耽搁给你回电话。"通过电脑的响应时间应该更快。最近有人告诉我，他们会在24小时内回复商务邮件。我不喜欢24小时工作制。"我觉得如果你需要花费24小时才能回复一封电子邮件，那么明天你的客户就是别人的了。"

归根到底就是这样。当电话铃响时，当你收到一条短信时，当你收到一封电子邮件时，或者当任何需要跟进的情况出现时，请记住，及时跟进是至关重要的。如果不这样做，将会导致客户和推荐关系的丢失。承担起后续跟进的责任，就像你的业务依赖于它一样，因为事实确实如此。

4. 没有体系

体系是为成功而设计的，就像我们前面讨论的麦当劳体系一样。但要想成功，体系并不需要庞大，甚至不需要特许经营。我的继父马蒂快80岁了。马蒂退休也将近20年了，他和我讨论了自20世纪40年代开始工作以来，体系和商业的总体变化。我惊讶地发现，尽管20世纪40年代以来，技术已经改变了我们做销售和经营业务的方式，但那时对体系的需求和使用也很流行了。

马蒂的职业生涯是从挨家挨户推销百科全书开始的。为了得到5个预约，他必须敲100扇门。与决策者的5次会面能让他获得两份订单。他很容易算出要敲多少次门才能完成他的10个销售指标。五百次敲门，这也是一个体系。

显然，时代已经变了，敲门似乎已经过时了。我们现在拥有让我们更便利的技术。在自动分析的帮助下，一切都可以被测算，而且是可以被准确测算的。网站的点击率、页面浏览量、停留在每个页面上的时间以及各种统计数据，都可以帮助我们根据网络流量锁定目标。有一些联系人管理程序和应用程序旨在帮助维护体系的组织性。

但是，不要陷入"分析瘫痪"的陷阱。因为有太多的选择和太多的体系，很多人无法确定哪个是最好的，哪个是最容易使用的，哪个是最有效率的。他们最终没有使用任何体系，因为害怕没有做出正确的选择。

在我职业生涯的早期，我开发了一个体系，其中包含一个特定的程序。我在1991年建立的体系作为我商业实践的基础一直使用至今。

（1）说实话

（2）给我回电话

（3）做个好人

自从创建好人致胜的理念，我已经添加了3条到我的体系：

（1）投资

（2）激励

（3）执行

当你有疑问，不确定要去哪个体系时，使用你所拥有的资源来帮助你找到一个适合你的体系。如果你在一家大公司工作，我几乎可以保证他们有一个体系来生成和跟踪线索，管理你的时间，发展业务，管理联系人和目标。如果你需要帮助来确定最适合自己的体系，可以考虑和那些与你一样有经验、愿意伸出援手的人谈谈。总的来说，我发现人们其实非常愿意提供帮助。我也鼓励你们继续阅读我的体系。无论你决定什么体系对你来说是最好的，我都建议你使用它，不要偏离它列出的程序，并持之以恒地坚持做下去。

5. 缺乏关爱

客户就是上帝。如果你不关心你的客户和结果，你将很难说服别人购买你的产品或服务。你必须关心你的客户和潜在客户。如果你管理的部门挤满了脚本阅读器、订餐员或技术专家，你还必须教他们如何做人。做人不是一个选择，而是一种必需。人们喜欢和人打交道，而不是没有感情的机器。机器不在乎，也没有情感。想想当你被困在一个自动接听的电话里，无法与人直接沟通时的感觉。

几年前，我在外地租了一辆摩托车。我把车停在旅馆的车库，当晚我的旅行包就被人从车里偷走了。当我给保险公司的代表打电话时，一位客户服务代表向我"打招呼"，他当时对我而言更像是一个数字，而不是一个人。

我无法确定哪一种更糟——是因为我的摩托车遭到破坏而产生的入侵感，还是试图向保险公司索赔的经历。对那位代表来说，一个简短的同情心培训会大有帮助。如果我联系到一个我认为关心我的人，而不是保险公司应付差事的人，我会感到更轻松，受到的伤害也会更少。

如果在电话中与客户交谈时，听起来像是在照本宣科，那么接收信息的人可以听出您正在念脚本。我知道许多销售和服务行业都有一个标准模板以方便衡量服务效果，但请确保与此同时您为您的客户提供了足够的情绪价值。你可以和朋友一起练习，获得关于你的声音如何、你可以如何改进，以及你的方法让他们感觉如何的反馈。如果你给客户一个理由，让他们转向你的竞争对手，他们肯定就会这么做。

我有机会与杰里米·沃特金取得了联系，杰里米和他的博友珍妮·邓普西每周都会在油管（YouTube）上提供一个名为"咖啡和客服聚会"的播客。在聚会中，他们会谈论客户服务的问题和趋势、行业热点话题，以及能与他们更顺畅沟通的博客。

我和杰里米分享了我总结的5个错误，但我们主要谈论的是最后一个错误——缺乏关爱。杰里米在谈到关爱时充满激情，他说："关爱客户的服务必须贯穿整个过程，从内到外，从上到下。"关爱意味着建立个人情感联系，这意味着在客户成为客户之前就对他们表示感谢。此外，它意味着对出现的每个问题负责任，并且在问题解决之前不放弃责任。最后，杰里米补充道："永远不要忘记，客户服务的核心是服务他人。你在生活中向人们展示你的关心，当你为他人服务时，把这些特质运用到工作中去。"

行动计划

1．在上面5个最大的错误中，你认为你犯得最多的错误是什么？为什么？你打算做什么来避免犯这个错误？

2．列出你在生活中"看到"的另外两个错误，并写下你避免这些错误的计划。

3．描述一个你经常使用的体系，它可以帮助你保持良好的商业习惯。

第十四章　好人能更好地管理生活

> 生命只有一次，但如果你做对了，一次就足够了。
>
> ——梅·韦斯特
>
> （译者注：梅·韦斯特，美国女演员、编剧、歌手、剧作家，其主演的电影曾获奥斯卡金像奖最佳影片提名。）

有许多的事情我们可以用来帮助管理我们的生活。我希望自己年轻时足够聪明，能够听从成功人士给我的建议，包括那些与我最亲密的人和我信任的人。

当我进入职场时，有人给了我一些建议，告诉我如何更好地管理自己的生活。这并不是说我在管理自己的生活方面做得不好，而是在我之前有很多聪明人过着更伟大的生活，就像在你之前有很多其他人一样。那么，为什么不从他们的错误中吸取教训呢？我父亲总是和我谈论拿破仑·希尔、戴尔·卡内基、齐格·金克拉、史蒂文·柯维，以及许多人事管理专家在书中阐述的概念。我的许多经理、同事、合作伙伴和朋友都是热心的读者，因为我听从了他们的建议，我也爱上了阅读和学习，以提高我自己。

对我来说，管理我的生活就是控制那些经常会失控的事情。所以我列出了一份我觉得最需要管理的事件清单，当这个清单展示出来的时候，我想到了可以用什么方法来管理它们。

耐心

就像皮筋可以被拉伸到极限一样，耐心在实践中也可以得到扩展。无论我们有多少耐心，都可以在生活中使之更多一点。我们的耐心经常会受到考验，同事、顾客、家人，尤其是在星巴克，如果排在你前面的人，等着点三份超大杯半甜脱脂焦糖玛奇朵，就会考验你的耐心。当你感到你的血压开始上升，当你达到你的极限，尽你最大的努力去呼吸。试着放松，并示意自己这只是暂时的，生活随时都会恢复正常。就我个人而言，我通过一笑置之来战胜不断升高的血压，不断增加耐心。我试着记住，无论谁来测试我的耐性，都不是故意的。如果一个顾客不明白我问题的答案，一个同事急着需要那封电子邮件的答案，你的孩子又丢了手机，还有那个在星巴克点了特制咖啡的家伙，他们都有需要解决的问题，但他们都不是针对你的。你应该专注于解决方案，而不是过度地关注问题本身。

管理方法

1. 试着确定是什么触发了你的不耐烦。

2. 开始着眼大局，而不是只关注现在。

3. 保持积极的人生观和生活态度。

4. 不要冲动行事，给自己一点时间思考，然后去做最好的回应。

5. 考虑一下问题的根源，如果情况超出了你的控制，就采取相应的行动。

时间

我们每天都有同样的24小时来完成我们的计划，无论是工作还是个人的事。时间管理是每个人都应该做好的。从某个角度来看，如果你每天有28个小时，你就会突破每天28小时的极限。你不会看到一个有创造力的成年人说，"我今天的待办事项都做完了，所以我要出去玩，我明天还有24小时的时间。"人类天生就会挑战极限。我们试着把尽可能多的约会、电话、电子邮件、推特、拼车与孩子们的家庭作业塞进去。这里有几个可能对你有用的解决方法。首先，切断有线电视，看电视最浪费时间。成为一个阅读者，用好东西充实你的大脑。像肯·布兰查德的《一分钟经理》（*The One Minute Manager*）这样的快餐读物是一个很好的开始。没有时间读书？开车去赴约的时候听听音乐。我们在世上的时间是有限的，不要把你的时间浪费在不用大脑的活动上。切断电源，拿起一本书，拥抱你的孩子，让你的时间更有效率。

管理方法

1. 写下你的日程表，让它引领你度过每一天。

2. 不要让事情失控，提前计划好你的一天。

3. 如果任务或干扰超出了你的范围，学会说"不"。

4. 把任务委派给别人，特别是当别人更有能力处理这项任务时。

5. 不要担心细节，有时候小事就是小事。

钱

在我们的社会中，对钱的需求不是我们应该感到羞耻的事情，也不是我们应该害怕谈论的。从某种意义上说，金钱可以润滑我们的经济。无论我们在金钱这个问题上的立场是什么（爱它，恨它，钱永远都不嫌多），我们都不能否认，我们需要它来获得我们生活中必不可少的东西。无论是送孩子上大学，帮助生病的父母支付医药费，为急需的假期攒钱，还是出去吃比萨，缺钱是我们许多问题的根源。我们中的一些人需要帮助才能赚到更多的钱，一旦我们得到了，则需要总结经验教训。我们喜欢数别人的钱，不能完全理解那些赚很多钱的人是如何把钱都花光的。但我们却没有意识到，有些人赚得比我们少，也对我们说着同样的话。

一个共同的主题是，我们都需要帮助来管理金钱。为了管理你的钱，这里有一些你需要遵守的规则。

规则1：首先支付给自己——不管你给自己多少钱，每个月都给自己开一张支票。让它变得简单，并让它自动转账。再过几个月你就不会忘记这笔钱了。这个账户只有一个目的和方向，那就是储蓄基金。

规则2：找一个专业人士，为你的未来制定一个计划。不要找借口："我没有钱，为什么我需要专业人士来帮我管理？"除非你找一个专业人士来帮你，或者你想办法改变那些让你一开始就改掉的习惯，否则你永远不会有钱。

规则3：用今天的美元预算你的资金。对你的钱花在什么地方，花在哪里要现实一点。一个简单的方法是记账，记录下30天你花的每一分钱。当你意识到你花了140美元在午餐上，80美元在咖啡上，150美元在有线电视账单上时，你就能知道你在哪些地方可以节省开支。

管理方法

1. 遵循每月预算。管理金钱最简单的方法就是按月控制它。

2. 制定定期储蓄计划或退休计划。

3. 做一个理智的消费者，不要冲动消费，尤其是在大额支出上。

4. 设定财务目标，并定期监控这些目标。

5. 让自己学会管理财务的最佳方法。你比任何人都更关心自己的财务状况，所以你的工作就是阅读、学习和规划你的未来。

关系

我们不断地向他人学习。当我们建立更多的人际关系时，我们就会拓展自己的视角和多样性。虽然我们想要简单的关系，但良好的关系需要维系，这是理所当然的，因为我们可以从别人身上学到很多东西，所以他们是值得投入的。花点时间培养新的人际关系，并与已建立关系的人保持联系。

关于人际关系，我能给出的最好建议就是多交流。经常用诚实、开放、有益的语言交流。对于家人和朋友，告诉他们你爱他们，关心他们，在你的生活中感谢他们。对于你生活中的客户、同事和其他人，告诉他们你爱他们，关心他们，感激他们。你是否抓住了一个共同的主题？

保持联系，保持个性，最重要的是，做你自己。永远不要觉得你必须证明自己的观点总是对的，永远不要害怕说"对不起"或"我错了"。你不可能独自实现你的人生目标。和你有关系的人会成为你队列中的一分子，就像你是他们队列中的一分子一样。

遵循黄金法则，用爱和尊重对待他们，他们也会同样回报你。如果你不是爱得太多或被爱得太多，你还不是太好或非常乐于助人，每一个都试一试，我保证结果会很惊人。

管理方法

1. 与跟你有关系的人交流，倾听他们的想法。是否正确并不重要，重要的是倾听。

2. 当冲突发生时，及时解决。不要抓住问题不放，也不要让它们积累。"永远不要生气地上床睡觉"这句话很重要。尽你最大的努力快速解决冲突。

3. 理解变化是唯一不变的。人、性格和生活中的情境都会发生变化。让改变成为你人际关系的一部分。

4. 相互信任，并理解与你有私人和职业关系的人都需要朝着一个共同的目标努力。

5. 在一段关系中，观点会让你了解所涉及的人。试着从他们的角度看问题，对他们想要达到的目标有更深刻的理解。

自由

我们都在努力获得独立。一直依赖他人的人所获得的自由也会带来挑战。例如，如果我们不帮助年轻人管理他们的自由，在他们第一次上大学时给他们完全的自由去做自己的决定，会导致很大的问题。当一个终身雇员以个体经营者的身份独自创业时，失败的必然的做法是从其他人那里获得帮助以获得新的自由。自由地做自己的决定，做自己的老板，走自己的路，这是一种令人敬畏的责任，充满了惊人的潜力。

要找到正确的道路，最好的办法就是看看别人在你之前都做了些什么。举个例子，如果你刚开始自主创业，找到这个行业的成功者，他已经做这份工作很长时间了，向他寻求帮助。你会惊喜地发现人们是多么乐于助人，他们愿意提供很多信息。当我第一次接触到专业演讲和教练时，我上网联系其他演讲者、作者和教练。我接触的每一个人都向我提供了非常实用的、日常的、基本的建议。

策划小组是另一个帮助管理自由的好方法。几十年前，当我读到拿破仑·希尔的《思考致富》（*Think and Grow Rich*）一书时，我第一次读到有关智囊团的内容：一个小团体，你们会见的目的是促进增长和成功，同时提供相互支持。自由让你做出选择，掌控自己的命运，但适度管理你的自由是至关重要的，否则，如果你不恰当地运用你的自由，你会发现自己反而处于别人的"管治"之下。自由最棒的地方在于，你可以随心所欲地走自己想走的路，这是一种不可思议的感觉。

管理方法

1. 向他人学习，并根据他们的经验采取行动。
2. 现在行动起来。在你的生活中获得自由的最好方法是立即行动。

3. 不要对自己太苛刻。不是每个人都是完美的，你也不是，但没关系。不要让消极的想法阻碍你的自由。

4. 不要害怕失败。每个成功的人，在成功之前都经历过多次失败。

5. 不要让恐惧阻碍你。当你接近自由时，恐惧将是你最大的敌人。不要让恐惧阻碍你，把它作为你接近目标的动力。

当你处理每一个问题时，就由你来调整管理方法，以帮助你获得对每个方面的控制。不要把清单看成是一堆需要解决的问题。我爸爸曾经告诉我问题就像大象，如果我们要吃大象，我们不会把它一口吞下去，吃大象最好的方法是一次一片。行动是管理上述各项的最佳方法，从其中一个部分开始，从今天开始。要优先考虑，哪个部分对你的挑战最大？不要把它留到最后，现在就开始把它分割并解决。如果理财是你最大的障碍，首先把100美元放在一个信封里。把钱存起来并不复杂，你要知道，你已经觉醒了，你是优秀的，而大多数人还没开始行动。

我可以向你保证，通过控制和管理上述每一个方面，你为自己设定的目标将开始实现。当你练习每一种技巧时，你会做得更好。钱会开始储蓄，你的时间会得到有效控制，你会发展更好更有意义的关系，人们会惊讶于你的耐心，所有你梦想的自由都将由你享受。

行动计划

1．你生活的哪些方面需要更好的管理？如果你的生活中还有其他方面需要管理，也把它们加到你的清单上。

2．列出你需要在这些方面做得更好的管理技巧。例如，在资金管理方面，如果你没有合适的预算，把"需要预算"作为一个项目列出来。

3．现在就采取行动，改善你这些方面的生活。以上的管理技巧仅仅是个开始。努力养成新的积极的习惯来管理你的生活。

第十五章　善于从生活和生意中学习

> 树林里分出两条路，而我，选择了人迹罕至的那条路，这让一切变得不同。
>
> ——罗伯特·弗罗斯特
>
> （译者注：罗伯特·弗罗斯特，20世纪最受欢迎的美国诗人之一，曾4次获得普利策奖，其代表作品有：《新罕布什尔》《诗歌选集》《一棵作证的树》《又一片牧场》等。）

目标是有趣的事情。当我们有一个疯狂的想法，比如写一本书的时候，我们会把计划和目标放在一起。

我们的目标是那些我们为之奋斗的事情，比如开始一个新的职业或者买一栋新的房子。目标是在遥远未来的目标，将通向我们的梦想。

从开始到完成的过程中，现实情况是，我们的计划会遇到调整、偏离、碰撞、践踏和推动。当我们回过头来看我们走的路时，我们发现这根本不是一条通往我们目标的直线。当我回头看过去几个月的写作，以及从我来到这个世界后的半个世纪里所发生的事情，我所取得的任何成就都不是一帆风顺的。

人生可以是一条弯弯曲曲的道路，指引我们走向我们的目标，最终引导我们实现梦想。我想曲折不是最好的选择，因为它意味着混乱和无序。然而，我的目标恰恰相反，我希望你的目标也一样。是的，我必须承认，有时我不知道我在这条路上做什么，我害怕极了，我想我会绝望地迷路。但是我一直关注着我的目标。

我们都听过无数次这句话："重要的不是终点，而是旅程。"我认为我们都应该花点时间重视当下，珍惜我们正在创造的记忆，我经常只关注我的梦想，因为旅程真的很艰难。有时候生活是不公平的，如果你正在读这本书，我相信你也经受过不公平的刺痛，说过"为什么这种事会发生在我身上？"以及"我不敢相信刚刚发生了那样的事，这是不公平的。"

在我的个人和职业关系中，经验、获得的知识和经受时间考验的磨炼，让我更好地理解了许多我希望在生命中早点知道的事情。当你阅读下面的列表时，花点时间想想这些东西是如何融入你的生活中的。不要把这份清单当成我的清单来读，而是要把它当作适用于你的人际关系、你的生意、你的客户和你的世界的清单来读。看完清单后再花点时间，写下你想添加到清单上的任何东西。

如果我能够回到1977年，作为一个孩子，当我第一次进入职场，或者在1986年我大学毕业，我现在知道了，我一定会努力建立各种关系，珍视我经历的许多短暂的胜利时刻，更快地消除被解雇的痛苦。

1. 不是每个人都是你的好客户。
2. 一切都可以通过行动来克服。
3. 有时候，事情就是超出我们的控制，这没有关系。
4. 你对自己的行为负责。

5. 让我感到惊讶的是，并不是每个人都会喜欢我。

6. 客户服务规则一：兑现每一个承诺；规则二：同规则一。

7. 常识并不见得总是常见。

8. 不做伟大的事就永远不会有伟大的成就。

9. 有满意的客户是最好的。

10. 说"不"并不总是一件坏事。

11. 说"是"并不总是一件好事。

12. 有时候客户的期望是不现实的，你可以委婉地告诉他们。

13. 没有什么比一张手写的感谢信更能表达感谢之情了。

14. 顾客永远是对的，即使他们是错的。

15. 和不开心的客户打交道，第一步就是说对不起。

16. 成为某方面的专家并不意味着每次都要把你知道的一切都说出来。

17. 最好的路不一定是人迹最广的路。

18. 自嘲对健康的自尊最有益。

19. 即使你知道客户的预算也并不意味着你必须花光它。

20. 当你收到客户的电子邮件时，最好逐一回答每一个问题，而不只是选择那些对你重要的。

21．跳出思维定式并不能立即解决问题，所以找份工作，直到你的思维定式不再是思维定式。

22．迟到15分钟是不能容忍的。

23．你已经是自己最严厉的批评家了，也要学会成为自己最大的鼓励者。

24．闹钟不是我的朋友，所以我学会了不使用它们。

25．有疑问的时候先闭嘴，多倾听比多说要好得多。

26．在动嘴之前先动脑。

27．有很多情况下，在您的签名栏上签上"爱你"或"贴贴""亲亲"之类都是可以的。

28．永远不要低估一个人的力量，尤其是如果那个人就是你。

29．不要低估一个真心的拥抱带来的力量。

30．微笑极具感染力，来吧，试一试。

31．电话会议应该作为最后的手段。

32．态度就是一切。

33．永远不要通过短信、电子邮件或社交媒体表达异议。

34. 书店里有一种叫作"书"的东西，里面有大量有用的信息。

35. 当你意外获得一个好主意时，要知道它，并给予适当的重视。

36. 肯定别人的正确，会为你建立起牢固的联系。

37. 停下来闻闻玫瑰的香味不仅仅是一种表达。

38. 我马上给你回电话，不要只是说说而已。

39. 当有人称赞你做得很好时，要谦虚。

40. 永远不要放弃，即使你失败了，也要做出调整，继续前进。

41. 没有支持，实现目标也许是不可能的，接受别人的帮助。

42. 恐惧是正常的，但不要让它阻碍你。

43. 没有人盯着你，当你成功的时候，跳跳舞也没关系。

44. 没有人在看，当你在路上摔倒时，哭也是可以的。

45. 集市是一个有摩天轮和油炸面团的地方。有时候生活是不公平的。

46. 如果要在可靠和熟练之间做出选择，选择可靠，熟练可以慢慢训练。

47. 做你自己，不要想做别人，没有比你更好的人了。

48. 带着爱过好每一天。

49. 有目标地生活，做最好的自己。

50. 好人致胜。

那么，为什么好人总是第一个成功，为什么我要开始传播这个信息呢？我和许多人一样，相信人本质上是善良的。我们都会一次又一次地犯错，但如果给我们一个机会在对与错之间做出选择，绝大多数人都会选择对。我还想说，大多数人都很好，我们只是需要得到一些帮助，试着找出正确的是什么，以及如何去做。

没有完整的手册教你如何生活，或者如果有类似的册子，依靠小小的字体，我们并不能掌握它，或者很难对应到我们的生活中，因为我们要自己经历真正艰难的旅程。

我们所有人手中都拿着属于自己的书（生活）。每一天，你都在以记忆的形式写下你的课程。把你正在学习的东西写下来是个好主意。也许不是因为你有写书的目标，而是因为你在写生活日志。也许只有你会读自己的日记。或者，如果你决定与他人分享你的这份遗产，你也可以与你的孩子分享。

无论如何，我鼓励你从自己的教训中学习，带着所有积极的东西，把消极的留在身后。人生苦短，不能怨恨；人生苦短，不能错过任何一个快乐和爱的机会。

在生活中寻找冒险。冒险并不意味着你必须去丛林探险，或者每年换一次工作，或者从飞机上跳伞。冒险可能只是意味着做所有能做的事情。你快乐，没有任何事情让你不快乐。如果你对自己的生活现状不满意，那就评估一下自己的现状，然后采取行动。如果你对自己的工作不满意，那就找一份新的工作，或者想办法让自己在目前的工作中快乐起来。如果你个人的处境不好，那就试着从朋友、家人或专业人士那里寻求支持，确定是什么让你的生活充满挑战，然后再做出改变。

优柔寡断和缺乏行动通常是由恐惧引起的。有恐惧是可以的，但不能让恐惧吓倒你。行动是恐惧的敌人，努力克服恐惧。勇敢面对你恐惧的事情，想象自己在它的背后，已成为解决方案的一部分，而不是问题的一部分。

挑战自己，专注于你的目标。改变的勇气使人产生未知的力量。不要把你的思想集中在未知的事情上，集中在你的梦想上，想象成功带给你的回报。对失败的恐惧在某种程度上阻碍了我们，当我们经历失败的时候，会挫伤我们的自尊，引起后悔，让我们更关注自我。然而，从失败中走出来，也可能是受益匪浅的。让自己进入状态，让生活发生改变。

生活可以像一个旋转木马，同样的风景，可预测且宁静。或者，生活就像过山车，有曲折，有循环，有巨大的落差和刺激。你有没有想过为什么旋转木马票价便宜，而过山车票价贵？因为这是值得的，它让你的生活变得更有价值。

别忘了，好人总是第一个到达终点。